KB214763

로마서 설교

복음과 삶

로마서 설교 **복음과 삶**

총 편 집 인	김 의 원	
지 은 이	안 오 순	
발 행 일	2021년 11월 15일	
발 행 처	도서출판 사무엘	
등 록	제 972127호 (2020.10.16)	
주 소	안양시 동안구 관악대로 282 고려빌딩 3층	
표 지	김 별 아	

ISBN 979-11-972127-5-8
값 15,000 원

SEE 성경과 신학 시리즈 01
성경 교사와 설교자를 위한 기본과정 202

로마서 설교

복음과 삶

총편집인 김 의 원
지 은 이 안 오 순

 도서출판 사무엘

석의의 위기, 설교의 위기

교회는 세상의 유일한 희망입니다!

세상은 하루가 다르게 급변하고 있습니다. 교회는 여기에 대한 구체적인 대응을 해야 합니다. '콘텍스트(context)'와 환경은 변하지만, '텍스트(text)'와 진리는 변하지 않기 때문입니다. 변하지 않는 진리를 변화하는 세계에 적용하려면 교회의 본질을 살펴야 합니다. 교회의 중심은 성경에 있습니다. 성경은 역사의 소용돌이 속에서 여전히 영혼을 구원하고 교회를 바르게 세우며, 성도를 양육하기 위해서 주신 하나님의 도구입니다. 그 도구 중 하나는 설교자를 통해 선포하는 설교입니다.

한국교회의 강단처럼 설교가 양적인 면에서 풍요로운 곳은 세계 어느 곳에도 없습니다. 하지만 그 설교가 최근에는 성도의 삶을 변화시키지 못할 뿐만 아니라 사회와 국가에 영향력을 미치지 못합니다. 그 원인 중 하나는 '석의(釋義)'를 바르게 하지 못한 데 있습니다. 현실과는 수천 년 거리가 있는 성경의 이야기를 메마르게 나열하거나 현실을 너무 강조하여 말씀은 단지 설교 내용의 구호나 후렴구 정도로 머뭅니다. 설교자는 설교 강단에서 건강에 좋지 못한 '부실 음식(junk food)'을 성도에게 제공하는

5

모습입니다. 그 결과 교회는 영적 허약 체질로 자라고 있습니다.

　건강한 교회는 설교자의 설교로부터 시작합니다. 설교자의 사명은 성경 본문이 '의미(meaning)'했던 것을 정확하게 찾아내어 오늘의 회중에게 그 '의의(significance)'를 적실하게 전달하는 일입니다. 하지만 오늘의 설교자는 성경 본문이 말하는 역사적 상황 안에서 의미했던 내용을 오늘을 살아가는 회중에게 적용하는 일을 잘하지 못합니다. 설교의 위기가 석의의 위기에서 비롯되었다는 말입니다. 따라서 설교의 위기를 극복하려면 석의의 위기부터 극복해야 합니다.

　그다음으로 적용에 힘써야 합니다. 적용과 상관없는 석의는 공허한 지적 놀음에 불과합니다. 하나님의 말씀은 처음 청중은 물론이고 오늘 우리에게도 적실하게 적용할 수 있기 때문입니다. 성경은 당대 사람의 성경일 뿐만 아니라 오늘 우리의 성경이기도 합니다. 적용이란 본문을 통하여 찾아낸 신학적 메시지를 청중이 삶의 현장에서 그대로 실천하도록 도와주는 일입니다. 즉 '그때 그곳(at that time & there)'에서의 의미를 '오늘 이곳(now & here)'에 적용하는 것을 말합니다. 적용은 석의의 최종 목적이며, 설교의 최종 목적입니다.

　이런 배경에서 사무엘연구원(SEE: Samuel Education by Extension)은 '성경 교사와 설교자를 위한 기본과정' 시리즈로 본문 공부 교재와 함께 그 공부를 기초한 설교집을 만들었습니다. 사무엘연구원은 오늘의 설교 현주소를 '본문을 잃어버린 설교'와 '청중을 잃어버린 설교'로 진단합니다. 따라서 우리는 본문을 회복하고 청중을 회복하는 설교를 지향합니다. 우리는 '하나님의 말씀을 어떻게 적실성 있게 청중의 삶의 자리에 상황화할 수 있는가?'에 대한 하나의 대안을 제시하려고 합니다. 우리는 바른 석의를 통해 본문의 의미를 밝히고, 그 의미를 통하여 청중의 필요를 채워주며 이 시대를 뚫고 들어가는 메시지를 만드는 일에 힘썼습니다.

석의와 적용, 즉 본문과 청중에 대한 설교의 두 기둥을 바르게 균형을 잡아가면 갈수록 우리 교회의 메마른 설교 강단은 양 떼가 뛰노는 푸른 초장으로 바뀔 것입니다.

아에타(AETA) 대표

사무엘연구원(SEE) 원장

김의원(철학박사, 구약)

머리말

청중에게 들리는 설교를
지향하면서

"그러므로 믿음은 들음에서 나며 들음은 그리스도의 말씀으로
말미암았느니라"
(롬 10:17)

믿음의 선배들은 극심한 시련 속에서도 매주 강단에서 선포하는 설교를 통해 믿음의 중심을 지켰습니다. 그들은 설교를 통해 삶의 현장에서 '신행 일치(信行一致)'를 하였고, 세상에 물들지 않고 세상에 대항하는 공동체, 즉 '대안 공동체'로 살았습니다. 설교는 시련을 이기는 힘이었고, 조국과 민족, 그리고 세계선교까지 도전하는 원동력이었습니다.

하지만 오늘의 현실은 어떠합니까? 우리는 이곳저곳에서 성장의 역기능을 볼 수 있습니다. 우리는 목회 현장에서 실패와 좌절감으로 정체성이 흔들리는 목회자를 만날 수 있습니다.

그 원인을 어디에서 찾을 수 있습니까? 많은 사람이 설교를 지목합니다. 지금도 수많은 설교 강단에서 외치는 수많은 설교가 홍수처럼 쏟아져 나옵니다. 하지만 많은 성도는 그 설교를 들으면서도 영적인 갈급을 느낍니

다. 아모스 선지가 "말씀의 홍수 속에서 말씀의 기근"(암 8:11)을 외쳤던 그 위기의 목소리가 들립니다.

그 이유가 무엇일까요? 설교의 두 기둥은 '석의'와 '적용'인데, 오늘의 설교 현실을 보면 부실한 석의로 본문을 잃어버렸고, 부실한 적용으로 청중을 잃어버린 것 같습니다. 따라서 본문을 회복하고 청중을 회복하는 설교가 시급합니다.

이 책은 이런 문제의식에 출발해서 본문에 대한 석의와 적용을 기초로 하여 설교 현장에서 선포했던 설교문들을 정리한 설교 모음집입니다. 무엇보다 바른 석의 작업을 통해 본문의 의미를 밝히려고 애썼고, 그 의미를 토대로 청중의 필요를 채워주려 노력했으며, 우리가 살아가는 현 시대적 상황과 배경을 놓치지 않으려 최선을 다했습니다.

따라서 이 책이 설교 현장의 설교자들이 본문을 드러내면서 청중에게 들리는 설교를 지향하는 일에 '보리빵 다섯 개'로 쓰임 받기를 바랍니다. 변화의 소용돌이 속에서 버거워하는 청중에게 영양분을 제공하여 그들의 삶을 변화하고, 대안 공동체를 이루는 토대가 되기를 바랍니다. 그리고 그 생명력이 대한민국은 물론이고 전 세계에까지 널리 퍼져나가기를 희망합니다.

2021년 11월 10일

아에타(AETA) 교수위원장
사무엘연구원(SEE) 성경연구분과 위원
안오순(신학박사, 설교학)

차례

제1강
하나님의 능력

◇ 본문 로마서 1:1-17
◇ 요절 로마서 1:16
◇ 찬송 283장, 286장

비가 정말 많이 내립니다. 대자연의 힘 앞에서 인간의 연약함을 느낍니다. 동시에 하나님의 능력을 생각합니다. 무엇이 떠오릅니까? 사람으로서는 할 수 없는 놀라운 일, 초자연적 힘 등일 것입니다. 그 능력의 핵심은 무엇입니까?

첫째, 하나님의 복음(1-7)

1절을 봅시다. "예수 그리스도의 종 바울은 사도로 부르심을 받아 하나님의 복음을 위하여 택정함을 입었으니." 바울은 자신을 예수 그리스도의 종으로 소개합니다. 종은 주인에게 속한 소유물이며, 주인에게만 충성합니다. 구약에서는 아브라함, 모세, 그리고 다윗 등을 여호와의 종으로 소개했습니다. 바울은 그 여호와의 자리에 예수 그리스도를 놓았습니다. 예수 그리스도는 하늘과 땅의 주님이십니다. 그리고 바울도 구약 믿음의 선배처럼 예수 그리스도의 종입니다.

그는 주인님이신 예수 그리스도로부터 무슨 사명을 받았습니까? 그는 사도, 즉 보냄을 받은 사람인데, 하나님의 복음을 위하여 택정함을 입었습니다. '택정함을 입었다'라는 말은 '따로 몫을 둔다'라는 뜻인데, 그는 하나님의 복음을 위해 따로 세움을 받았습니다. '하나님의 복음'은 '하나님께서 준비하고 이루시는 복음'을 뜻합니다. '복음'이란 '기쁜 소식'입니다. 황태자가 태어나든지, 황제가 등극하든지, 아니면 전쟁에서 이겼을 때 전하는 소식을 복음이라고 불렀습니다.

그런데 '하나님의 복음'은 무엇입니까? 2절입니다. "이 복음은 하나님이 선지자들을 통하여 그의 아들에 관하여 성경에 미리 약속하신 것이라." 하나님의 복음, 즉 하나님께서 전하는 기쁜 소식은 '무엇'에 대한 것이 아니라 '누구'에 관한 것입니다. 즉 그분의 아들에 관한 것인데, 선지자를 통해 성경에 미리 약속하셨습니다. 복음은 머리 좋은 사람이 만든 소설이 아니라, 하나님한테서 왔습니다.

그분의 아들은 어떤 분입니까? 그 아들은 육신으로는 다윗의 후손으로 태어나셨습니다. 그분은 왕손입니다. 성결의 영, 즉 거룩한 신성으로 말하면 죽은 사람들 가운데서 부활하셔서 하나님의 아들로 선포되셨습니다 (3-4). 그렇다고 그 아들이 부활하기 전에는 하나님의 아들이 아니셨다는 뜻은 아닙니다. 혈통에 의하면 우리와 같은 사람이신데, 부활을 통하여 하나님으로서 권세와 영광을 가지셨음을 선포한 것입니다. 그분은 곧 예수 그리스도이십니다.

그 예수 그리스도와 바울과의 관계는 어떠합니까? 5절을 읽읍시다. "그로 말미암아 우리가 은혜와 사도의 직분을 받아 그의 이름을 위하여 모든 이방인 중에서 믿어 순종하게 하나니." 바울은 그분한테서 은혜와 사도의 직분을 받았습니다. '은혜와 사도의 직분'이란 '사도직의 은혜'라는 뜻입니다. 사도직은 그에게 특별한 은혜입니다. 왜냐하면, 사도직이 그의 삶을 바꾸었기 때문입니다. 그의 인생 방향과 목적을 완전히 바꾸었기 때문입니다. 그 직분의 내용은 믿어 순종하게 하는 것입니다. 그것은 '믿음으로부터 나오는 순종'을

16

말합니다. 믿음은 순종의 기초입니다. 믿음의 대상은 예수 그리스도이십니다. "그리스도를 믿는다"라는 말은 "그분께 순종한다"라는 뜻입니다.

사도가 믿음의 순종을 끌어내려는 대상은 모든 이방인입니다. 그의 사도직의 대상은 유대인만이 아니라, 온 세상 만민입니다. 그리고 그는 그 일을 할 때 자기를 위해서도 아니고, 이방 사람을 위해서도 하지 않습니다. 그는 오직 예수님의 이름을 위해서 일합니다. 그는 예수님의 영광을 위해서 목자의 길을 걷습니다. 하나님의 이름을 빛나게 할 때 하나님도 살고 나도 삽니다.

그러면 로마교회와 이방 사람과의 관계는 어떠합니까? 6절입니다. "너희도 그들 중에서 예수 그리스도의 것으로 부르심을 받은 자니라." 로마 성도도 이방인 가운데서 그리스도의 것으로 부르심을 받았습니다. 로마교회는 더는 세상이나 자신에 속한 사람이 아닙니다. 그들은 이제 예수 그리스도의 아들딸입니다. 그들에게도 사도의 직분을 감당하는 은혜가 임했습니다. 바울과 로마교회는 같은 은혜를 받았습니다.

그런 그들을 사도는 어떻게 부릅니까? "로마에서 하나님의 사랑하심을 받고 성도로 부르심을 받은 모든 자에게…"(7a). 사도는 그들을 '성도'로 부릅니다. 이 단어의 기본 개념은 '거룩'입니다. 모든 그리스도인은 신분적으로 세상과 구별된 사람입니다. 또 성령님에 따라서 점점 거룩하게 되는 사람입니다. 사도는 그런 성도에게 은혜와 평강이 있기를 원합니다(7b). 은혜와 평강은 세상 사람이나 물질, 그리고 세상 통치자에게서 오지 않습니다. 오직 하나님과 예수 그리스도께서만 주십니다. 사도가 로마 성도를 생각할 때 어떤 마음이 가장 먼저 듭니까?

둘째, 빚을 진 사람(8-15)

8절을 봅시다. "먼저 내가 예수 그리스도로 말미암아 너희 모든 사람에

로마서 **복음과 삶**

관하여 내 하나님께 감사함은 너희 믿음이 온 세상에 전파됨이로다.” 그는
가장 먼저 하나님께 감사합니다. 왜냐하면, 로마교회의 믿음이 온 세상에
널리 알려졌기 때문입니다. 그들의 믿음은 로마 사회의 수준만큼 세계적
입니다.

사도는 그런 로마교회를 위해서 무엇을 합니까? 그는 하나님을 자신의
증인으로 내세울 만큼 로마의 양을 가슴으로 품고 기도합니다. 그는 어떻
게 하든지 하나님의 뜻 안에서 그들에게 나아갈 좋은 길 얻기를 기도합니
다(9-10). 그는 로마에 가려고 했지만, 아직 가지 못했습니다.

그는 왜 로마교회에 가려는 것입니까? 11절입니다. “내가 너희 보기를
간절히 원하는 것은 어떤 신령한 은사를 너희에게 나누어 주어 너희를 견
고하게 하려 함이니.” 사도가 그들을 애타게 만나보려는 것은 그들에게 어
떤 신령한 은사를 나눠주기 위함입니다. ‘신령한 은사’란 성령님께서 성도
에 주시는 특별한 선물입니다. 본문에서는 복음을 말합니다. 복음은 성령
님께서 주시는 선물입니다. 사도는 그 선물을 성도에게 줘서 그들의 믿음
을 굳게 하려는 것입니다.

믿음을 굳게 하려는 목적은 무엇입니까? 12절입니다. “이는 곧 내가 너
희 가운데서 너희와 나의 믿음으로 말미암아 피차 안위함을 얻으려 함이
라.” ‘피차 안위함을 얻는다’라는 말은 ‘서로 격려를 받는다’라는 뜻입니다.
사도는 그들에게 직접 가서 그들의 믿음을 굳게 하여, 서로 격려를 받고자
합니다. 여기서 우리는 목자와 양 사이의 아름다운 관계를 볼 수 있습니
다. 목자와 양의 관계는 일방적 관계가 아닙니다. 서로 위로하고 격려하는
관계입니다. 바울은 로마 성도를 믿음의 동역자로 삼고자 합니다. 그는 다
른 이방 교회에서처럼 로마교회에서도 열매를 거두려고 했지만, 지금까지
길이 막혔습니다(13).

그가 이토록 로마에 가려는 또 다른 이유는 무엇입니까? 14절을 읽읍시

다. "헬라인이나 야만인이나 지혜 있는 자나 어리석은 자에게 다 내가 빚진 자라." '헬라인'은 '헬라어를 말하는 사람'인데, '지혜로운 사람'으로 통했습니다. 반면 '야만인'은 헬라어를 하지 않은 사람인데, 어리석은 사람으로 불렀습니다. 당시 세상은 이 두 종류의 사람으로 구분했습니다. 그러니까 헬라인과 야만인, 또는 지혜 있는 사람이나 어리석은 사람은 온 세상 사람을 대변하는 표현이었습니다. 그런데 바울은 그들에게 '빚진 자'라고 말합니다. 여기서 빚이란 돈만을 말하지 않고 은혜를 입은 것, 사람이나 국가에 대한 도덕적 의무도 뜻합니다.

그는 왜 빚진 자라는 의식을 품고 있을까요? 예수님으로부터 받은 구원의 은혜에 근거합니다. 그는 하나님의 교회를 박해하는 과정에서 예수님을 만났습니다. 예수님을 만나기 전에는 그런 자신의 행동이 죄인지도 몰랐습니다. 오히려 하나님을 잘 섬기는 일로 착각했었습니다. 하지만 예수님을 만나고 나서 자신의 실존을 깨달았습니다. 자신의 죄에 대해서 깊이 인식했습니다. 그런 점에서 그에게 임한 하나님의 은혜는 정말로 컸습니다. 그 은혜는 세상 사람에게 복음을 전해야 한다는 의무감으로 나타났습니다. 그는 복음을 전하지 않으면 자신에게 '화'가 미칠 것이라고까지 말했습니다(고전 9:16).

이 말씀 앞에서 전도자로서의 우리의 모습은 어떠합니까? 세상 사람을 볼 때, 사회적 거리 두기만큼이나 거리를 두고 볼 수 있습니다. 무관심할 수 있습니다. 하지만 말씀 앞에서 우리 자신을 돌아보면 좀 더 가까이 갈 수 있습니다. 빚진 자의 마음, 책임감을 가질 수 있습니다. 나에게 임한 구원의 은총을 알기 때문입니다. 구원의 은총을 얼마나 체감하느냐에 따라서 빚진 자의 마음도 결정됩니다.

그러므로 사도는 할 수 있는 대로 로마에 있는 성도에게 복음을 전하고자 합니다(15). 로마 성도는 이미 복음을 통해 예수 그리스도의 백성으로 부르심을 받았습니다. 하지만 그는 그들의 믿음을 강하게 하려고 복음을 전하려고 합니다. 그는 그 복음에 대해서 어떤 마음을 가지고 있습니까?

셋째, 부끄러워하지 않는다(16-17)

16절을 읽읍시다. "내가 복음을 부끄러워하지 아니하노니 이 복음은 모든 믿는 자에게 구원을 주시는 하나님의 능력이 됨이라 먼저는 유대인에게요 그리고 헬라인에게로다." 당시에는 복음을 부끄럽게 여기는 사람이 있었습니다. 유대인은 "나무에 달린 자는 하나님께 저주를 받았다."(신 21:23)라는 말씀에 근거하여 십자가를 저주의 표로 여겼습니다. 그들에게 메시아는 능력, 승리, 영광을 의미했기 때문입니다. 하지만 십자가는 연약함, 패배, 수치를 뜻합니다. 한편 지혜를 추구하는 헬라인에게도 복음은 어리석게 보였습니다. 로마인 중에서도 복음을 무시하는 사람이 있었습니다(고전 1:18, 23). 복음을 부끄럽게 생각하는 것은 바울이 선교 현장에서 자주 경험하는 현상이었습니다.

하지만 그는 단호하게 복음 편에 섰습니다. 복음을 부끄럽게 여기지 않습니다. 오히려 자랑합니다. 왜냐하면, 복음은 모든 믿는 자에게 구원을 주시는 하나님의 능력이기 때문입니다. 구원은 죄를 용서받고 죽음에서 생명으로 옮겨지는 것입니다. 마지막 심판에서 벗어나 영원한 생명을 누리는 것입니다. 그런데 그 구원을 인간 스스로 얻을 수 없습니다. 죄와 죽음을 인간 스스로 해결할 수 없기 때문입니다. 죄와 죽음을 이기기 위해서는 능력이 필요합니다. 복음에는 그 능력이 있습니다. 바로 하나님의 능력입니다. 그 능력은 죄와 사탄의 세력을 정복하고 생명을 주는 능력입니다. 구원은 단순한 말의 유희가 아닙니다. 죄인을 구원하는 능력이고, 사망에서 살려서 영생을 주는 능력입니다.

그 능력이 누구에게 나타납니까? 믿는 사람입니다. 구원의 능력은 아무에게나 나타나지 않습니다. 오직 믿는 사람, 즉 예수님을 그리스도로 믿는 사람에게만 나타납니다. 믿음은 구원의 능력을 체험하는 장소이며 조건입니다. 그러므로 오늘 예수님을 믿는 사람은 오늘 구원을 경험합니다. 동시에 미래의 심판에서 구원받을 것을 지금 확신합니다. 그뿐만 아니라, 구원을 경험하는 사람은 인종과 사회적 계층의 차이를 뛰어넘습니다. 말 그대로 모든 사람이 구원의 은총을 경험합니다.

그러나 여기에는 어떤 순서가 있습니까? 먼저는 유대인이고 그다음이 헬라인입니다. 하나님께서 복음을 유대 선지자를 통해서 약속하셨습니다. 그리스도도 유대인 가문에서 태어났고, 아브라함도 유대인의 조상입니다. 하나님은 모든 축복의 약속도 유대인에게 먼저 주셨습니다. 그런데 모든 믿는 자에게 구원을 주시는 하나님의 능력인 복음이 마침내 오늘 우리에게도 왔습니다.

하지만 어떤 사람은 그 복음을 부끄럽게 여깁니다. 그들은 예수님의 십자가와 부활을 믿으면서 다른 것도 믿습니다. 복음에 뭔가를 더합니다. 그것을 '플러스알파(+α)'라고 부릅니다. 그 대표적인 것 중 하나가 신비주의입니다. 복음을 믿으면서도 신비한 체험을 해야만 구원을 확신합니다. 또 어떤 사람은 율법적 행위를 복음을 믿는 것보다 더 중요하게 여깁니다. 하지만 신비한 체험이나 율법적 행위가 사람을 구원하지 못합니다. 능력이 없기 때문입니다.

우리는 복음에 대해서 어떤 자세를 가져야 합니까? 복음을 부끄러워하지 않아야 합니다. 왜냐하면, 복음만이 우리를 구원하는 하나님의 능력이기 때문입니다. 세상 흐름이 어떠하든지, 어떤 말을 듣든지 복음을 더 굳게 믿고, 흔들리지 않아야 합니다. 그리고 우리는 그 복음을 증언해야 합니다. 설교 강단에서 예수 그리스도의 십자가와 부활, 즉 '원색적 복음'이 살아 있으면 그 교회는 생명력이 넘칩니다. 시대가 아무리 변해도 인간은 변하지 않습니다. 구원이 필요한 죄인이라는 인간 실존은 변하지 않습니다. 그 죄인을 구원하는 능력은 오직 복음뿐입니다. 그 또한 변하지 않습니다. 따라서 우리는 그 복음을 부끄러워하지 않습니다.

복음은 왜 믿는 모든 사람에게 구원의 능력입니까? 17절도 읽읍시다. "복음에는 하나님의 의가 나타나서 믿음으로 믿음에 이르게 하나니 기록된 바 오직 의인은 믿음으로 말미암아 살리라 함과 같으니라." 복음에는 하나님의 의가 나타났기 때문입니다.

하나님의 의는 무엇입니까? 첫째로, 하나님과 바른 관계를 맺는 것입니다. 아담과 하와는 하나님과 관계가 정말로 좋았습니다. 하지만 말씀대로 살지 않아서 관계가 깨졌습니다. 그것을 우리는 '죄인'으로 부릅니다. 그 죄인이 하나님과 다시 바른 관계를 맺을 수 있습니다. 그런데 복음에는 하나님의 의, 즉 바른 관계가 나타났습니다.

둘째로, 하나님께서 주시는 신분을 말합니다. 죄인이었던 그 신분을 하나님은 죄가 없는 사람, 즉 의인으로 그 신분을 바꾸십니다. 복음에는 하나님의 의, 즉 새로운 신분이 나타났습니다.

셋째로, 하나님께서 자기 백성을 구원하시는 구원 행동을 말합니다. 하나님은 의로우셔서 당신과 언약을 맺은 백성을 버리지 않고 반드시 구원하십니다. 복음에는 하나님의 의, 즉 그 백성을 구원하시는 그 행동이 나타나 있습니다.

그 의를 어떻게 얻을 수 있습니까? "믿음으로 믿음에 이르게 하나니." 이 말은 '믿음으로 시작하여 믿음으로 끝난다'라는 뜻입니다. 사람은 오직 믿음을 통해서 하나님과 올바른 관계를 맺을 수 있습니다. 오직 믿음을 통해서 새로운 신분을 가질 수 있습니다. 오직 믿음을 통해서 구원받을 수 있습니다.

그 원리는 어디서부터 왔습니까? 구약 선지자 하박국한테서 왔습니다.

하박국 선지자는 당시 나쁜 사람들을 심판해 달라고 하나님께 기도했습니다. 믿음으로 살지 않은 사람이 믿는 사람보다 더 잘 사는 것을 불의하다고 생각했기 때문입니다. 그때 하나님께서 말씀하셨습니다. "오직 의인은 믿음으로 말미암아 살리라"(합 2:4). 믿음의 사람은 세상과 비교하지 말고, 어떤 환경에서도 끝까지 믿음으로 살라는 뜻입니다. 그러나 믿기를 거부하는 사람은 반드시 심판을 받습니다.

하나님의 능력의 핵심은 무엇입니까? 사람을 구원하는 능력입니다. 그 능력이 어디에 있습니까? 복음에 있습니다. 복음만이 죄와 죽음에서 우리를 구원하는 능력입니다. 이 사실은 인간이 존재하는 한 변하지 않습니다. 그러므로 우리는 복음을 부끄러워하지 않고 오히려 자랑하며 살기를 기도합니다.

제2강
하나님의 진노

◇ 본문 로마서 1:18-32
◇ 요절 로마서 1:18
◇ 찬송 523장, 524장

많은 사람이 하나님을 생각할 때 '좋으신 하나님', '사랑의 하나님'으로 말합니다. 그런데 이런 모습과는 다른 모습은 무엇입니까? '진노의 하나님', '무서운 하나님'입니다. 하나님은 우리에게 사랑과 함께 진노도 보여 주십니다. 하나님의 진노가 어디에 나타났습니까?

18절을 읽읍시다. "하나님의 진노가 불의로 진리를 막는 사람들의 모든 경건하지 않음과 불의에 대하여 하늘로부터 나타나나니." 복음에는 하나님의 구원행위가 나타났습니다. 동시에 하나님의 진노도 나타났습니다. 그것은 복음이 갖는 양면성입니다. 하나님의 구원행위는 복음을 믿고 순종하는 사람에게 나타납니다.

그러나 하나님의 진노는 어디에 나타납니까? 불의로 진리를 막는 사람의 모든 경건하지 않음과 불의에 대하여 나타납니다. '경건하지 않음'은 '불의'이고, '불의'는 '의'의 반대입니다. '의'가 하나님과 바른 관계성이니 '불의'는 하나님과 관계성이 깨진 상태입니다. 하나님과 바른 관계를 맺지 못하면 진리를 막습니다. 여기서 '진리'는 하나님께서 사람의 마음에 새겨

넣은 하나님께 대한 지식입니다. 하나님의 피조물로서 하나님을 알 수 있는 능력입니다. 그런데 불의한 사람은 그 지식을 일부러 막습니다.

예를 들면 이런 것입니다. 어떤 사람은 "하나님이 없다."라는 가설을 세우고, 그것을 증명하려고 애씁니다. 그들은 그런 자기들이야말로 대단히 과학적이고 철학적이라고 주장합니다. 그 대표적인 것 중 하나가 진화론인데, 중고등학생은 필수적으로 그것을 배웁니다. 그것도 과학이라는 이름으로 배우는데, 실은 과학적이라기보다는 하나의 가설입니다. 그런데도 그들은 성경보다도 사람이 세운 가설을 더 신뢰합니다. 그러면서 "하나님은 없다."라고 말합니다. 그런데 성경은 그런 사람을 이미 예언했습니다. "어리석은 자는 그의 마음에 이르기를 하나님이 없다 하도다"(시 53:1a). "하나님이 없다."라고 말하는 사람은 어리석은 사람입니다. 성경은 그런 사람을 '죄인'이라고 부릅니다. 그리고 하나님은 그런 죄인, 즉 불의로 진리를 막는 사람에게 진노하십니다.

그 진노 앞에서 왜 핑계할 수 없습니까? 19절입니다. "이는 하나님을 알 만한 것이 그들 속에 보임이라 하나님께서 이를 그들에게 보이셨느니라." 그들이 하나님의 진노 앞에서 핑계할 수 없는 이유는 하나님을 알만한 것을 사람 속에 보이셨기 때문입니다. 하나님은 당신을 알 수 있는 지식을 사람에게 이미 주셨습니다.

그 지식은 구체적으로 무엇입니까? 20절을 봅시다. "창세로부터 그의 보이지 아니하는 것들 곧 그의 영원하신 능력과 신성이 그가 만드신 만물에 분명히 보여 알려졌나니 그러므로 그들이 핑계하지 못할지니라." 하나님은 창조 때로부터 보이지 않는 속성, 곧 그분의 영원한 능력과 신성을 알 수 있도록 사람을 만드셨습니다. 그것을 '종교의 씨(seed of religion)', '종교성', 또는 '일반 계시'라고 부릅니다. 인간 속에 하나님을 알 수 있는 씨앗이 있습니다.

로마서 복음과 삶

인류 역사를 보면 예나 지금이나 사람은 항상 종교성이 있습니다. 반면 동물은 아무리 뛰어날지라도 종교성이 없습니다. 왜냐하면, 하나님께서 사람에게만 영원하신 능력과 신성을 주셨기 때문입니다. 따라서 "하나님을 몰랐다"라고 핑계하지 못합니다. 사람이 하나님에 대한 지식이 없는데도 그들을 심판한다면 그것은 정당하지 못합니다. 하나님께서 그런 지식을 주지도 않으시고 진노하시면 그것은 부당합니다. 하지만 하나님은 그들에게 지식을 주셨고, 그들에게는 그 지식이 있습니다. 따라서 그들은 진노 앞에서 핑계할 수 없습니다. 그들은 오히려 하나님께 대한 마땅한 도리를 해야 합니다.

그러나 그들은 어떻게 했습니까? 21절을 읽읍시다. "하나님을 알되 하나님을 영화롭게도 아니하며 감사하지도 아니하고 오히려 그 생각이 허망하여지며 미련한 마음이 어두워졌나니." 사람은 하나님만이 영광 받으셔야 할 분임을 알고도 그렇게 하지 않았습니다. 사람은 하나님께 감사해야하는 줄 알면서도 그렇게 하지 않았습니다. '감사'는 하나님을 아는 사람이 나타내는 첫 번째 반응입니다. 감사는 사람이 하나님의 피조물로서 자신의 삶 자체가 그분의 선물임을 깨닫는 데서 나오는 반응입니다. 그러나 그들은 하나님께 감사하지 않았습니다.

그 결과 그들은 어떻게 되었습니까? 그 생각이 허망하여지며, 미련한 마음이 어두워졌습니다. 사람이 감사하지 않으면 삶의 방향과 목적을 잃어버립니다. 감사하지 않으면 허무하고 무가치한 삶을 삽니다. 그들의 무지한 마음이 어두워졌기 때문입니다. 감사하지 않으면 하나님의 지식에서 나오는 빛을 잃어버립니다. 이런 사람을 '허무한 바보'라고 부릅니다.

그들은 얼마나 어리석습니까? 그들은 말로는 "스스로 지혜 있다"라고 주장하지만, 실은 대단히 어리석습니다(22). 그 어리석음이 어느 정도입니까? 23절을 읽읍시다. "썩어지지 아니하는 하나님의 영광을 썩어질 사람과 새와 짐승과 기어 다니는 동물 모양의 우상으로 바꾸었느니라." 그들은 썩어지지 아니하는 하나님의 영광을 썩어질 피조물의 우상으로 바꾸었습니다. 그들은 하나님을 버리고 사람을 섬깁니다. 심지어 새와 짐승과 기어 다니는 동물을 섬겼습니다. 그들은 황소, 자칼, 매, 그리고 뱀 등을 신으로 섬겼습니다. 그것을 '우상'이라고 부르는데, 우상은 생명도 없고 호흡도 없어서 기도를 듣지 못합니다. 사람을 도울 손도 없습니다. 그런데도 사람들은 그런 것을 하나님으로 섬깁니다.

진화론적 관점에서 쓴 책은 말합니다. "인간은 본래 자연을 숭배했다. '토테미즘(totemism, 동식물을 섬기는 종교)', '애니미즘(animism, 해, 달, 별, 강과 같은 자연계에 생명이 있다고 보고 섬기는 종교)' 등 하등종교를 가졌는데 인간의 지성이 발달하여 하나님을 섬기게 되었다." 그러나 성경은 반대로 말씀합니다. 인간은 본래 하나님을 섬겼습니다. 그런데 하나님을 버리면서 수준 낮은 것들을 섬기게 되었습니다. 최고의 지성을 자랑하는 요즘 하등종교가 사라지고 고등종교만 남았습니까? 오히려 점쟁이와 같은 역술인이 '부흥'하고 있습니다.

어떤 교회에서 한 자매가 한 형제를 만나서 결혼을 약속했습니다. 그 형제의 어머니가 점쟁이에게 물었더니, "교회 다니는 며느리를 맞으면 안 된다."라고 했습니다. 그 어머니가 자매에게 말했습니다. "너는 좋으니 결혼을 반대하지 않으마. 다만 결혼해서 교회에 다니지 말아라." 그 어머니는 왜 점쟁이 말을 잘 믿을까요? 하나님을 떠나면 하나님이 없는 자리에 귀신이 주인 노릇을 하기 때문입니다. 사람이 하나님을 섬기지 않으면 다른 대용품을 섬길 수밖에 없습니다.

그러므로 하나님은 그들을 어떻게 하십니까? 24절을 봅시다. "그러므로 하나님께서 그들을 마음의 정욕대로 더러움에 내버려 두사 그들의 몸을 서로 욕되게 하게 하셨으니." 사람이 하나님을 버리면 하나님도 그 사람을 버립니다. 버리되 마음의 정욕대로 더러움에 버립니다. 사람들은 부끄러운 짓을 행하여 몸을 더럽힙니다. 하나님께 버림받으면 상대방을 탐욕의 대상으로만 다룹니다. 사람이 하나님을 버리면 종교뿐만 아니라 윤리도 부패합니다. '내버려 두심'은 영혼의 자유로운 생활이 아니라 하나님의 진노입니다. 사람이 부끄러운 윤리적 행위를 하는 것은 그들이 하나님을 섬기지 않은 결과입니다. 하나님을 거짓 신으로 바꿨기 때문입니다. 따라서 하나님께 감사할 때만 사람답게 살 수 있습니다.

이 모든 비극의 뿌리는 무엇입니까? 25절을 읽읍시다. "이는 그들이 하나님의 진리를 거짓 것으로 바꾸어 피조물을 조물주보다 더 경배하고 섬김이라 주는 곧 영원히 찬송할 이시로다 아멘." 인간 비극의 뿌리는 하나님의 진리를 거짓으로 바꾸고, 창조주 대신에 피조물을 섬긴 데 있습니다. 우리가 경배하고 섬겨야 할 분은 오직 한 분 하나님이십니다. 그분은 우리가 영원히 찬송할 분입니다. 그분을 아는 사람이라면 누구나 이 말씀 앞에서 "아멘"으로 응답합니다. "아멘!"

그러나 "아멘"하지 않은 사람은 어떻게 됩니까? 26절을 읽읍시다. "이 때문에 하나님께서 그들을 부끄러운 욕심에 내버려 두셨으니 곧 그들의 여자들도 순리대로 쓸 것을 바꾸어 역리로 쓰며." 그들이 하나님 대신 우상을 숭배하자 하나님은 그들을 내버려 두셨습니다. 하나님께서 그들을 심판하셨는데, 부끄러운 욕심대로 살도록 하셨습니다. 부끄러운 욕심에 사는 그들은 순리대로 쓸 것을 바꾸어 역리로 씁니다. 그들은 성에 관한 창조 질서를 깨뜨리는 방식으로 삽니다. 그런데 그런 현상이 여성에게 먼저 나타났습니다. 여성은 정상적인 인간관계를 버리고 비정상적인 인간관계를 맺습니다. 즉 여자가 여자끼리 삽니다.

그와 같이 남자도 순리대로 여자 쓰기를 버리고 서로 향하여 음욕이 불일 듯하여 남자가 남자와 더불어 부끄러운 일을 행합니다(27). 여성과 남성 모두가 순리를 버리고 왜곡된 성문화, 즉 '동성애'에 빠졌습니다. 성경은 '순리'와 '역리'를 반복하여 대조합니다. '순리'는 하나님께서 세우신 남녀 관계의 질서이며 '역리'는 창조 질서를 파괴하는 것입니다. 창조 질서를 파괴한 그들은 그릇됨에 상당한 보응을 받았습니다. 동성애 자체가 보응, 즉 '정당한 벌금'입니다. 이런 보응은 신앙의 타락에서 왔습니다. 신앙의 타락이 윤리의 타락을 가져왔습니다. 바로 이곳에 하나님의 진노가 나타났습니다.

이런 말을 압니다. "로마는 하루아침에 이루어지지 않았다(Rome was not built in a day)." 그랬던 로마도 무너졌습니다. 로마가 무너진 이유는 많습니다. 하지만 성경의 렌즈로 보면 그 무너짐에는 성 윤리의 타락이 있었습니다. 로마는 이성 간의 사랑보다 동성 간의 사랑을 높이 평가했습니다. 그런 로마를 향해 바울은 날카롭게 도전합니다. 왜냐하면, 그것은 그릇됨이기 때문입니다. 그것은 창조 질서에서 탈선한 성행위이기 때문입니다. 하나님의 진노가 바로 그런 로마에 나타날 것이기 때문입니다.

하나님은 그 진노를 어떻게 계속합니까? 28절입니다. "또한 그들이 마음에 하나님 두기를 싫어하매 하나님께서 그들을 그 상실한 마음대로 내버려 두사 합당하지 못한 일을 하게 하셨으니." 그들은 마음에 하나님 두기를 싫어했습니다. 그들은 나름대로 정보를 수집한 후에 하나님을 일부러 거부했습니다. 이것이 인간의 모든 악의 시작입니다. 하나님도 그런 그들을 내버려 두셨습니다. 사람이 하나님을 싫어하므로 하나님도 그들을 타락한 마음자리에 내버려 두신 것입니다. 그러자 그들은 해서는 안 될 일을 합니다. 어떤 사람은 그런 삶을 "자유다"라고 말합니다. 하지만 그것은 사람으로서 해서는 안 될 일, 즉 합당하지 못한 일입니다. 하나님의 진노가 그들에게 나타납니다.

그들은 구체적으로 무슨 일을 합니까? 29절입니다. "곧 모든 불의, 추악, 탐욕, 악의가 가득한 자요 시기, 살인, 분쟁, 사기, 악독이 가득한 자요 수군수군하는 자요." 합당하지 못한 일 중에서 첫 번째가 온갖 불의입니다. 하나님을 떠난 대표적인 죄악이 바로 불의입니다. 불의는 피조물인 인간이 창조주 하나님을 잊어버리고 자기 마음대로 사는 것을 말합니다. 사람이 하나님께 고의로 반발하는 상태를 말합니다. 이런 사람은 불가피하게 다른 사람에 대해 해서는 안 될 온갖 형태의 일을 할 수밖에 없습니다.

그 불의가 어떤 형태로 나타납니까? 적극적인 악인 추악, 지칠 줄 모르고 더 가지려는 욕심인 탐욕, 악의에 찬 내면적 기질인 악의, 시기, 사람이 알리기 싫어하는 것을 소문으로 퍼뜨리는 사람인 수군수군하는 자 등으로 나타납니다. 또 다른 사람을 중상하고 험담하는 사람을 말하는 비방하는 자, 하나님을 미워하는 사람, 무례하고 난폭한 사람인 능욕하는 자, 허풍 떠는 사람, 무엇을 꾸미고 조작하는 도모하는 자, 부모를 거역하는 자 등으로 나타납니다. 그뿐만 아니라, 어리석게 행동하는 우매한 자, 성실하지 못한 사람인 배약하는 자, 사랑이 없는 무정한 자, 긍휼이 없는 무자비한 자 등도 있습니다(30-31). 합당하지 못한 일 중에서 마지막이 무자비한 사람입니다. 무자비는 말세의 한 현상입니다. 하나님을 거부한 사람은 이웃에게 긍휼을 베풀 만한 근거를 찾지 못합니다. 인간 타락이 갈 수 있는 마지막 길은 무자비입니다.

그런데 그들은 저렇게 사는 사람을 보고 어떻게 반응합니까? 32절을 읽읍시다. "그들이 이 같은 일을 행하는 자는 사형에 해당한다고 하나님께서 정하심을 알고도 자기들만 행할 뿐 아니라 또한 그런 일을 행하는 자들을 옳다 하느니라." 그들은 저렇게 사는 사람은 죽어 마땅하다는 하나님의 규정을 알고 있습니다. 그런데도 그들은 자기들만 그렇게 사는 것이 아니라 그런 일을 행하는 사람을 옳다고 인정합니다. 그들이 상대를 인정하는 것은 자기를 인정하기 위한 고도의 수단입니다. 그들은 서로 악이 번성하기 좋은 대중적 여론을 형성합니다.

이런 사회현상을 '상대주의' 또는 '포스트모더니즘(post modernism, 후기 현대주의)'이라고 부릅니다. 그 특징은 "절대적인 것은 절대로 없다."입니다. 그들은 하나님께서 가르치는 절대적 기준을 무시해버립니다. 내 죄가 사회의 죄가 되면 그것은 죄가 아닙니다. '시대의 흐름', '문화'입니다. 성경에서 말하는 죄가 사회적 세력을 얻으면 통제 불능이 됩니다. 이것을 '허용적인 사회(permissive society)'라고 부릅니다. '나'도 인정하고, '너'도 인정하고, '우리 모두'를 인정하는 모습인데, 어찌 보면 참 좋습니다. 하지만 아름다운 장미꽃 속에 가시가 있듯이, 그 아름다움 속에 죄가 있습니다. 더 안타까운 점은 그 죄를 보지 못한다는 것입니다. 아니 죄를 보면서도 죄로 인정하지 않는 것입니다. 그러나 하나님은 그런 세상에 진노하십니다.

하나님의 진노가 어디에 나타납니까? 불의로 진리를 막는 사람, 즉 하나님을 하나님으로 인정하지 않고 섬기지 않는 사람에게 나타납니다. 하나님을 알면서도 영화롭게도 아니하고 감사하지도 않은 사람에게 하나님의 심판이 있습니다. 하나님의 진노는 장차 나타날 것이면서 현재 삶 속에 이미 나타나 있습니다. 하나님의 진노는 수사학적 장치나 표현이 아닙니다. 우리의 삶에 나타난 사실적인 묘사입니다. 하나님의 진노 앞에서 "나는 아니다, 난 예외다."라고 말할 수 있는 사람은 없습니다. 나도 하나님의 무서운 심판을 피할 수 없습니다.

그러면 하나님의 진노를 피할 길은 무엇입니까? 복음을 믿어야 합니다. 성경이 인간 실존을 적나라하게 폭로하는 것은 복음을 믿도록 하는 데 있습니다. 인간의 비참한 실존을 아는 사람만이 복음을 영접할 수 있습니다. 복음의 필요성은 하나님의 진노를 깨달을 때 시작합니다. 하나님의 진노를 알고 복음을 믿는 것만이 나는 물론이고 인류의 멸망에서 벗어나는 길입니다.

우리는 장마를 견디며 좀 더 나은 날을 기대했는데, '코로나 19'가 우리의 마음을 무겁게 합니다. 일부 교회에서 확진자가 나오니 더 불편합니다. 이런 무거운 분위기에서 어디에서 희망을 찾아야 합니까? 복음입니다. 복음만이 사람을 살리고 세상에 희망을 줍니다. 지금 우리가 할 수 있는 일은 많지 않습니다. 하지만 우리가 복음을 믿고 개인 신앙을 굳게 하여 때를 기다릴 수 있기를 기도합니다.

하나님의 심판

◇ 본문　로마서 2:1-16
◇ 요절　로마서 2:16
◇ 찬송　338장, 330장

사람은 보통 "하나님의 심판은 없다."라고 말합니다. 그러나 성경은 분명합니다. "세상을 심판하시는 그날이 있다." 하나님은 왜, 그리고 어떻게 심판하십니까?

1절을 봅시다. "그러므로 남을 판단하는 사람아, 누구를 막론하고 네가 핑계하지 못할 것은 남을 판단하는 것으로 네가 너를 정죄함이니 판단하는 네가 같은 일을 행함이니라." '남을 판단하는 사람'은 유대인입니다. 그들은 하나님께 선택받은 민족이라는 특권 의식과 우월의식이 강했습니다. 그들은 철들 때부터 성경을 공부했습니다. 소득의 십일조를 철저히 드리고, 안식일을 칼같이 지켰습니다. 반면 이방 사람은 어그러진 성 윤리를 나타냈습니다. 빗나간 삶의 모습을 보였습니다. 유대인은 그런 그들을 죄인으로 취급했고, '밥상 교제'를 하지 않았습니다.

그러나 바울 사도는 그런 배타적 우월성에 동의하지 않습니다. 이방인에게 나타난 하나님의 심판을 유대인에게도 예외 없이 적용합니다. 왜냐하면, 이방 사람을 비판하는 유대인이 그들과 같은 일을 하기 때문입니다.

사도는 그들에게 "네가 판단하는 그 사람이 바로 너다."라고 외칩니다.

남을 판단하는 사람은 무엇을 알아야 합니까? 하나님의 심판은 죄인에게 공정하게 내립니다(2). 악을 행하는 사람은 이방인이나 유대인이나 그 누구도 하나님의 심판을 피할 수 없습니다. 그런데도 그들은 그런 일을 하고서도 하나님의 심판을 피할 줄로 생각했습니다(3). 왜냐하면 '나는 특별한 사람이다.' '나는 너와 다르다.'라는 환상이 있기 때문입니다.

맥스웰(John C. Maxwell)의 『관계의 기술(*Be a People Person*, 사교적인 사람이 되라)』이라는 책에 이런 내용이 나온다고 합니다. "다른 사람이 일하지 않으면 게으른 탓이고, 내가 일하지 않으면 바쁜 탓이다. 다른 사람이 시키지도 않은 일을 하면 주제넘은 짓이고, 내가 시키지도 않은 일을 하면 솔선수범이다. 다른 사람이 예의를 지키지 않으면 무례한 짓이고, 내가 예의를 지키지 않으면 창의적이다. 다른 사람이 윗사람을 즐겁게 하면 아첨이고, 내가 윗사람을 즐겁게 하면 협조이다. 다른 사람이 도덕적으로 불륜을 저지르면 스캔들이고, 내가 불륜을 행하면 로맨스다." 우리는 이런 모습을 '이중 잣대', '내로남불'이라고 부릅니다.

이런 모습은 하나님을 어떻게 하는 것입니까? 4절을 읽읍시다. "혹 네가 하나님의 인자하심이 너를 인도하여 회개하게 하심을 알지 못하여 그의 인자하심과 용납하심과 길이 참으심이 풍성함을 멸시하느냐." 유대인은 하나님과의 관계에서 회개가 중요함을 알았습니다. 하지만 자기도 회개해야 하는 죄인이라는 사실을 몰랐습니다. 그들은 회개를 이미 졸업했다고 여겼기 때문입니다. 그 결과 그들은 하나님의 풍성하신 인자와 너그러우심과 오래 참으심을 업신여기고 말았습니다. 그들은 고집과 회개하지 않는 마음을 따라 진노의 날에 임할 심판을 쌓았습니다(5). 다른 사람이 하늘에 보화를 차곡차곡 쌓는 동안, 그들은 하나님의 심판을 하늘에 차곡차곡 쌓았습니다.

하나님은 어떻게 심판하십니까? 6절을 보십시오. "하나님께서 각 사람에게 그 행한 대로 보응하시되." '보응하다'라는 말은 '보상이나 형벌로 갚는다'라는 뜻인데, 하나님의 심판을 말합니다. 하나님의 심판은 개인적으로 나타납니다. 이방인이라고 해서 무조건 심판하는 것도 아닙니다. 유대인이라고 해서 무조건 심판을 안 하는 것도 아닙니다. 이방인이나 유대인이나 그 사람이 행한 대로 심판합니다.

그러므로 영생과 진노는 누구에게 임합니까? 7절과 8절입니다. "참고 선을 행하여 영광과 존귀와 썩지 아니함을 구하는 자에게는 영생으로 하시고, 오직 당을 지어 진리를 따르지 아니하고 불의를 따르는 자에게는 진노와 분노로 하시리라." '영광과 존귀와 썩지 아니함을 구한다'라는 말은 '복음을 믿고 복음에 순종하며 살려고 애쓴다'라는 뜻입니다. 이런 사람은 영생을 받습니다. 하지만 자기 이익을 찾고 진리에 복종하지 않고, 대신 불의에 순종하는 사람은 심판을 받습니다.

그 심판과 영생은 현재에 일어납니까? 아니면 먼 훗날에 일어납니까? 악을 행하는 각 사람의 영에는 환난과 곤고가 있습니다. 먼저는 유대인이고 그다음은 헬라인입니다. 반면 선을 행하는 각 사람에게는 영광과 존귀와 평강이 있는데, 먼저는 유대인이고 그다음은 헬라인입니다(9-10). 무엇을 추구하느냐에 따라 심판과 영생이 다릅니다. 그리고 그 심판과 영생은 지금 여기서부터 시작하여 먼 훗날에 완전히 나타납니다. 심판과 영생은 이론이나 가설이 아닌 실체이며 실존입니다.

왜 이런 대조가 나타납니까? 11절을 읽읍시다. "이는 하나님께서 외모로 사람을 취하지 아니하심이라." '외모'란 '혈통'을 말합니다. 유대인은 하나님께서 사람을 혈통을 보고 판단한다고 생각했습니다. 아브라함의 후손인 유대인은 영생을 자동으로 받고, 유대인과 피가 다른 이방인은 심판을 당연하게 받는다고 생각했습니다. 하지만 하나님은 삶을 보고 심판하십니다.

로마서 복음과 삶

삶의 렌즈로 볼 때 유대인이나 이방인이나 다 심판을 피할 수 없습니다.

어떤 사람은 "큰 교회에 다니면 큰 신자가 되어 천국을 보장받는다."라고 생각합니다. 또 어떤 사람은 "교회에서 중요한 직분을 받으면 천국을 보장받는다"라고 생각합니다. 그러나 하나님은 그런 외모를 보고 심판하지 않습니다. 하나님은 내가 어떤 삶을 살았는가를 보고 심판하십니다.

유대인이나 이방인은 왜 심판을 피할 수 없습니까? 12절을 봅시다. "무릇 율법 없이 범죄한 자는 또한 율법 없이 망하고 무릇 율법이 있고 범죄한 자는 율법으로 말미암아 심판을 받으리라." '율법'은 하나님의 말씀입니다. 유대인이 자긍심을 갖는 가장 큰 이유 중 하나는 하나님의 말씀을 받은 데 있습니다. 말씀은 언약 백성이라는 신분의 표지였습니다. 유대인은 그 말씀으로 이방인을 판단했습니다. 그런데 그들도 죄를 지었는데, 율법으로 그 죄를 심판받습니다.

왜 율법으로 심판을 받습니까? 13절을 읽읍시다. "하나님 앞에서는 율법을 듣는 자가 의인이 아니요 오직 율법을 행하는 자라야 의롭다 하심을 얻으리니." 율법을 듣는 사람이 의로운 사람이 아니고 실천하는 사람이 의로운 사람입니다. 하나님의 심판은 율법을 '듣느냐', '듣지 않느냐'에 달려 있지 않습니다. 율법을 '행하느냐', '행하지 않느냐'에 달려 있습니다. 말씀에 관한 지식만 가지고는 하나님의 심판에서 보호받지 못합니다. 율법을 말하는 것이 중요한 것이 아니고 행하는 것이 중요하기 때문입니다.

우리는 매주 말씀을 공부합니다. 그런데 우리가 높은 수준의 말씀 공부를 했다고 해서 우리 삶의 수준까지 높은 것은 아닙니다. 높은 수준의 메시지를 듣는 것과 높은 수준의 삶을 사는 것은 각기 다릅니다. 하나님께서 우리를 심판하실 때 성경을 얼마나 많이 공부했느냐, 얼마나 높은 수준의 메시지를 들었느냐를 보지 않습니다. 그 말씀에 얼마나 순종했는가를 보십니다.

그러면 율법 없는 이방 사람은 율법이 없는데도 왜 심판을 피할 수 없습니까? 그들도 본성으로 율법의 일을 행하기 때문입니다. 이방 사람은 율법이 없지만, 그들이 본성을 따라서 율법이 말하는 것을 행하면 그들 자신이 율법입니다. 그들은 율법이 요구하는 일이 자기 마음에 적혀 있음을 드러냅니다. 그것을 '양심'이라고 부릅니다. 하나님은 율법 없는 이방 사람에게 율법의 기능을 할 수 있는 양심을 주셨습니다. 따라서 사람이 무슨 일을 할 때 양심이 서로 고발하고 변호하기도 합니다(14-15). 그런데 그들이 심판을 받는 것은 양심대로 살지를 못하기 때문입니다.

왜 양심대로 살 수 없습니까? 양심이 죄 때문에 흐려졌기 때문입니다. 우리는 그것을 '양심의 한계'라고 부릅니다. 어떤 사람은 "난 예수님을 믿지 않아도 양심대로 산다."라고 말합니다. 그러나 그것은 손으로 눈을 가리면서 "해가 없다."라고 말하는 것과 같습니다. 그것은 죄인이라는 자기 실존을 인정하지 않는 것이고, 자기를 속이는 일입니다.

한 젊은이가 탈무드를 배우려고 랍비를 찾아갔습니다. 랍비가 그에게 묻습니다. "두 사람이 굴뚝을 청소했다. 한 사람은 얼굴에 그을음을 잔뜩 묻히고 내려왔는데, 다른 사람은 말끔한 채로 내려왔다. 그들 중 누가 세수를 하겠느냐?" 젊은이는 쉽다는 표정으로 대답합니다. "얼굴이 더러운 사람입니다." 랍비가 뭐라고 했을까요? "틀렸다. 깨끗한 사람은 얼굴이 더러운 사람을 보고 '내 얼굴도 더러울 것이다.'라고 생각한다. 반대로 얼굴이 더러운 사람은 깨끗한 사람을 보고 '내 얼굴도 깨끗할 것이다.'라고 생각한다." 사람은 다른 사람과 비교하면서 사는 상대적 존재라는 것입니다.

랍비가 그 청년에게 같은 질문을 다시 합니다. 그러자 젊은이는 자신 있게 대답합니다. "얼굴이 깨끗한 사람입니다." 그러나 랍비는 차갑게 말합니다. "넌 탈무드를 공부할 만한 자격이 없다." 이유가 뭘까요? "두 사람이 똑같이 굴뚝을 청소했는데, 어떻게 한 사람은 깨끗하고 한 사람은 더러

수 있겠는가? 두 사람 모두 얼굴이 더럽다. 그러니 둘 다 씻는다. 두 사람
이 같이 청소를 했는데, '한 사람은 깨끗하고 한 사람은 더럽다.'라는 전제
는 잘못이다. 잘못된 전제에서 답을 찾으면 바른 답을 찾을 수 없다." 사람
은 본질에서 같은 운명을 가졌습니다. 굴뚝 청소를 한 두 사람처럼 두 사
람 다 얼굴이 더러울 수밖에 없습니다. 그중에서 누구는 깨끗하고, 누구는
더럽다고 말하는 것은 잘못된 전제입니다. 사람은 하나님 앞에서 똑같이
죄인입니다. 죄인은 심판을 받을 수밖에 없습니다.

하나님의 심판은 언제, 어떻게 나타납니까? 16절을 읽읍시다. "곧 나의
복음에 이른 바와 같이 하나님이 예수 그리스도로 말미암아 사람들의 은
밀한 것을 심판하시는 그 날이라." 바울이 전한 복음대로 사람의 모든 비
밀을 심판하는 날이 반드시 옵니다. 우리의 삶, 세상이 지금 그대로 끝나
는 것은 아닙니다. 하나님께서 심판하시는 그날이 반드시 있습니다. 왜냐
하면, 사람이 죄를 지었기 때문입니다.

죄를 지은 사람이 받을 보응은 무엇입니까? 하나님의 심판입니다. 그
심판의 내용은 죽음입니다. 유대인은 율법을 자신의 특권적 신분을 지탱
하는 토대로 삼았습니다. 하지만 율법은 그것을 어긴 사람에게 심판과 죽
음을 선포합니다. 이방인은 율법을 가지지 못했습니다. 하지만 하나님께
서 그들 마음에 새긴 양심이 율법의 기능을 하도록 했습니다. 따라서 이방
인이 율법이 없다는 이유로 심판을 받지 않는 것은 아닙니다. 그들도 심판
을 받습니다. 따라서 모든 인류는 하나님의 심판을 피할 수 없습니다.

누가, 어떻게 심판합니까? 하나님의 심판은 예수 그리스도를 통해 나타
납니다. 예수 그리스도는 모든 믿는 자의 구원자이십니다. 동시에 그리스
도는 마지막 날에 인류와 세상을 심판하는 심판자이십니다. 누구든지 그
분을 믿으면 구원을 받습니다. 하지만 누구든지 그분을 믿지 않으면 심판
을 받습니다. 유대인이든, 이방인이든 그분을 믿으면 구원을 받지만, 믿지

않으면 심판을 받습니다. 따라서 심판하는 분도 예수님이고, 구원하는 분도 예수님입니다. 그 점에서 인류의 유일한 희망은 예수님뿐입니다.

그동안 우리 정부는 물론이고 우리조차도 'K-방역'을 자랑했습니다. 하지만 그 자랑을 무색하게 만든 '대유행'을 만났습니다. 그 시작점에 일부 교회가 있는 것이 몹시 안타깝습니다. 더 안타까운 일은 모든 교회를 비상식적이고 반사회적인 '방역 방해집단'으로 폄훼하는 것입니다. 교회는 세상에서 소금과 빛으로 살아야 하는데, 요즘은 말도 꺼낼 수 없는 분위기입니다. 교회에서 가장 중요한 사역인 예배를 현장에서 제대로 하지 못합니다. 하지만 우리는 성도의 건강과 대사회적 영향력을 생각하면서 '비대면 예배'를 합니다. 교회가 세상에 희망을 주기 위해서라도 세상을 향해 책임 있는 자세가 필요합니다. 그래야 세상에 복음을 증언할 수 있지 않겠습니까? 교회가 비판을 받을지라도 이 세상에 희망은 교회뿐입니다.

우리는 무엇을 해야 합니까? 하나님께서 심판하시는 그날이 있음을 믿어야 합니다. 그 심판에서 구원할 분은 오직 예수님임을 믿어야 합니다. 우리는 이 어려운 시기에 개인 신앙을 굳게 해야 합니다. 우리가 개인 신앙을 굳게 하도록 도와주시고, 이 나라의 경제와 방역에 긍휼을 베풀어 주시기를 기도합니다.

제4강
죄 아래 있는 인류

◇ 본문 로마서 2:17-3:18
◇ 요절 로마서 3:9
◇ 찬송 261장, 278장

저는 '죄 아래 있는 인류'라는 말을 생각하면 예전에 보았던 영화 제목이 생각납니다. "나는 네가 지난여름에 한 일을 알고 있다(I know what you did last summer)." 그 영화는 공포 영화인데, 줄거리는 이렇습니다. "어느 날 밤 남녀 고등학생이 행인을 차로 치고 몰래 도망합니다. 하지만 1년 후 의문의 편지를 받고 하나둘씩 죽습니다." 만일 요즘도 누군가가 이 말을 들으면 어떻게 반응할까요? 대부분 과거를 돌아볼 것입니다. 왜냐하면, 사람은 본질상 다 죄 아래 있기 때문입니다. 죄 아래 사는 사람의 실상이 어떠합니까?

2:17을 봅시다. "유대인이라 불리는 네가 율법을 의지하며 하나님을 자랑하며." 유대인은 하나님으로부터 많은 특권을 받았는데, 그 첫 번째가 율법을 의지하는 것입니다. 그들은 삶의 뿌리를 율법에 두었습니다. 율법은 하나님께서 그들에게 주신 독특한 선물입니다. 율법을 받은 것은 하나님의 특별한 사랑을 받았다는 증거입니다. 그들은 이방인에 대해서 신분적 우월성과 자긍심을 가졌습니다.

율법을 의지하는 것이 왜 특권입니까? 율법은 정글에서 나침판을 들고 여행하는 것과 같기 때문입니다. '길맹'이 운전할 때 '내비게이션'의 도움을 받는 것에 비유할 수 있습니다. '내비게이션'이 있으면 처음 가는 길도, 아무리 복잡한 길도 부담이 없습니다. 이처럼 율법은 우리가 삶에서 어떤 일을 만날지라도 '안내서' 역할을 하기에 헤매지 않습니다. 두렵지 않습니다.

유대인이 받은 두 번째 특권은 하나님을 자랑하는 것입니다. 이방 사람은 아무것도 아닌 우상을 섬기지만, 그들은 살아 계신 전능하신 하나님을 섬기기 때문입니다. 그런 그들은 하나님의 뜻을 알고, 삶에서 지극히 선한 것, 즉 가장 중요한 본질을 알았습니다. 그들은 시각장애인을 인도할 수 있었고, 어둠에 있는 사람의 빛이었습니다(18-19). 그들은 세상에서 지도자의 위치에 있었습니다. 그들은 자연스럽게 지식과 진리의 모범이었습니다. 그들은 어리석은 사람의 교사요 어린아이의 선생으로 스스로 믿었습니다(20).

그런데 그들의 실제 삶은 어떠했습니까? 21절을 읽읍시다. "그러면 다른 사람을 가르치는 네가 네 자신은 가르치지 아니하느냐 도둑질하지 말라 선포하는 네가 도둑질하느냐." 그들은 율법을 맡아서 다른 사람을 부지런히 가르쳤지만, 정작 자기를 가르치지 않았습니다. 왜 다른 사람을 가르치면서 자기를 가르치지 않았을까요? 잘못된 특권 의식, 배타적 우월성 때문입니다. 그들은 말씀 공부할 때나 메시지를 들을 때, 그 말씀을 자기에게 적용하지 않았습니다. 다른 사람에게만 적용했습니다. '난 잘하고 있다.'라는 생각 때문에 자기를 돌아보지 않았습니다.

오늘 우리에게 주는 의미는 무엇입니까? 다른 사람을 가르치는 만큼 자기 자신을 가르치는 삶의 중요성을 배웁니다. 특히 가르치는 위치에 있는 사람일수록 자신을 가르치는 일에 힘써야 합니다. 어떻게 자기를 가르칠 수 있습니까? '나도 죄 아래에서 사는 죄인이다.'라는 자기 인식이 필요합니다.

'코로나 19' 앞에서 어떤 사람은 "난 젊으니 걸리지 않는다." "믿음이 약한 사람이나 걸린다."라는 '가짜 뉴스'를 믿고 개인 방역을 하지 않습니다. 그러나 우리는 겸손하게 개인 방역에 힘씁니다. 귀찮아도 마스크를 쓰고 틈나는 대로 손을 씻습니다. 이처럼 우리는 때마다 말씀으로 마음을 씻어야 합니다. 말씀 앞에서 "너나 잘하세요"가 아니라 나부터 잘해야 합니다. 그것이 나를 가르치는 것입니다.

유대인이 자기를 가르치지 않았을 때 무슨 일을 했습니까? 그들은 "도둑질을 하지 말라"라고 가르치고서 자기들이 도둑질했습니다. 그들은 "간음을 하지 말라"고 하면서 간음했습니다. 그들은 우상을 미워하면서 신전의 물건을 훔쳤습니다(22). 그들은 그 훔친 물건을 팔아서 돈을 벌었습니다. 그들은 말로는 율법을 자랑하고 하나님을 자랑하면서 삶으로는 율법을 어기고 하나님을 욕되게 했습니다. 말과 삶이 일치하지 않았습니다. 구약 성경도 그들의 그릇된 행동을 예언했습니다(23-24). 하나님께서 그들에게 율법을 선물로 주신 것은 그것을 특권 의식의 토대로 삼으라는 것이 아닙니다. 그들이 그 말씀을 따라 하나님의 백성답게 살라는 것입니다. 하나님 백성의 생명력과 영향력은 그 사람의 말에 있지 않고 말씀대로 사는 삶에 있습니다.

그러면 율법과 할례와의 관계는 어떠합니까? 25절을 봅시다. "네가 율법을 행하면 할례가 유익하나 만일 율법을 범하면 네 할례는 무할례가 되느니라." 할례는 언약 백성의 표시입니다. 그러나 율법을 지키지 않으면 할례받은 의미가 없습니다. 할례받은 사람이 언약 백성으로 살지 않으면 의식 자체는 소용이 없습니다. 어떤 사람이 보석을 구입하고 상자에 넣고 사인을 했습니다. 만일 상자에 보석이 있다면 그 사인은 효력이 있습니다. 하지만 보석이 없다면 그 사인은 효력이 없습니다. 율법에 순종하지 않으면 율법의 표시인 할례는 효력이 없습니다.

그러면 할례를 받지 않은 사람이 율법을 지키면 어떻게 됩니까? 그의 무할례를 할례로 간주합니다(26). 할례의 본질적 의의는 그 의식에 있는 것이 아니라 그 상징성에 있습니다. 할례를 받는다는 것은 하나님과 언약 관계를 맺고 그 언약을 지킨다는 뜻입니다. 하나님 앞에서 중요한 것은 할례 의식이 아니라 순종하는 삶입니다. 그러므로 할례를 받지 않은 이방 사람이 유대인보다 율법을 잘 지키면 율법을 지키지 않은 유대인이 정죄 받습니다(27). 유대인이 말씀대로 살지 않으면서 할례받은 것만 말하면, 하나님 앞에서 죄를 짓는 것입니다. 겉모양이 유대 사람이라고 해서 유대인이 아닙니다. 겉모양으로 살갗에 할례를 받았다고 해서 할례가 아닙니다. 속사람이 유대 사람일 때 그가 진짜 유대인입니다. 율법에 따라서 받는 할례가 아니라 성령님으로 마음에 받는 할례가 참 할례입니다(28-29).

오늘 우리에게는 무슨 뜻입니까? 할례의 의미를 세례의 의미에서 찾을 수 있습니다. 세례는 예수님을 그리스도로 믿고 고백하는 사람이 받는 의식입니다. 세례가 세례로서 의미가 있으려면 말씀대로 살아야 합니다. 세례를 받았는데도, 말씀대로 살지 않으면 세례는 의미가 없습니다. 반면 세례를 받지 않았을지라도 말씀대로 살면 하나님께서 인정하십니다. 하나님은 겉을 보지 않고 그 속을 보십니다. 삶이 없는 의식은 우상숭배와 다르지 않습니다.

그렇다면 유대인의 나음은 무엇입니까? 유대인의 나음은 여러 가지가 있습니다. 하지만 가장 중요한 것은 앞에서도 말했듯이, 하나님의 말씀을 맡은 것입니다(3:1-2). 여기에는 말씀대로 사는 것은 물론이고, 말씀을 잘 보존하고 다른 사람에게 전해야 하는 책임도 따릅니다.

그러면 그들 가운데 얼마가 믿지 않는다고 해서 하나님의 미쁘심을 폐합니까(3)? 하나님은 악한 자를 심판하시고 자기를 믿는 의인을 사랑하십니다. 유대인이 이 하나님을 믿지 않았으니 하나님의 신실하심에 문제가 있는 것입니까? 아닙니다. 그들이 믿지 않은 것은 하나님이 신실하지 않아서가 아니라 그들이 거짓 되기 때문입니다. 오직 하나님은 참이십니다. 사람의 거짓이 하나님의 참을 무효로 할 수 없습니다(4). 그 위대한 다윗이 밧세바와 불륜에 빠졌습니다. 다윗이 그런 일을 했다고 해서 하나님께 문제가 있는 것은 아닙니다. 하나님이 다윗을 심판하셨다고 해서 하나님이 잘못하신 것이 아닙니다(시 51:4). 다윗이 문제였지 하나님은 언제나 참입니다.

그러나 우리의 불의가 하나님의 의를 드러내면 어떻게 됩니까? 5절을 봅시다. "그러나 우리 불의가 하나님의 의를 드러나게 하면 무슨 말 하리요 [내가 사람의 말하는 대로 말하노니] 진노를 내리시는 하나님이 불의하시냐." 예수님의 제자였던 가룟 유다가 예수님을 배반했습니다. 그 배반으로 예수님은 십자가에서 돌아가셨습니다. 유다의 배반은 하나님의 구속 사역에 쓰임 받았습니다. 그런 유다를 하나님이 심판하시면 잘못입니까? 오늘 우리가 하나님 앞에서 죄를 지었는데, 그 죄 때문에 하나님의 의로우심을 드러냈습니다. 그런데 하나님이 그런 나를 심판하면 잘못입니까? 그렇지 않습니다. 만일 하나님이 그러하다면, 어떻게 세상을 심판할 수 있겠습니까(6)?

그런데도 계속해서 이렇게 반박하는 사람이 있습니다. "내 불의가 하나님의 성실하심과 참되심을 드러내는 계기가 되었다면, 그것은 선을 행한 것이나 마찬가지이다. 따라서 죄인처럼 정죄 받을 수 없다"(7). 물론 인간의 범죄로 하나님의 은혜가 더욱 풍성하게 나타난 것은 사실입니다. 하지만 하나님의 은혜를 풍성하게 하려고 죄를 지어도 괜찮다는 논리는 잘못입니다(8). 이렇게 주장하는 사람을 '도덕 폐기론자'라고 부릅니다. 이런 사람은 하나님의 심판을 받습니다. 왜냐하면, 복음을 의도적으로 왜곡하기 때문입니다.

그러면 무엇을 선언해야 합니까? 9절을 읽읍시다. "그러면 어떠하냐 우리는 나으냐 결코 아니라 유대인이나 헬라인이나 다 죄 아래에 있다고 우리가 이미 선언하였느니라." 유대 사람이 헬라 사람보다 낫습니까? 결코, 아닙니다. 유대인이나 헬라인이나 다 죄 아래 있습니다. 성경은 이미 선언했습니다. 이 말은 유대인에게는 폭탄선언이었습니다. 복음서에서 예수님은 바리새인과 세리를 같은 죄인으로 취급했습니다. 바리새인 편에서 그것은 정말 힘든 일이었습니다. 그들의 삶이 세리와는 차원이 달랐기 때문입니다. 그러나 예수님의 렌즈로 보면 다르지 않습니다. 구약 성경도 인간에 대해 선언했습니다. "의인은 없나니 하나도 없으며"(10). 바울 사도가 새삼스럽게 인간에 대해서 이렇게 선언하는 것은 아닙니다. 구약 시대부터 세상에는 한 사람의 의인도 없었습니다.

이 사실을 통해서 무엇을 배울 수 있습니까? 보통 세상은 인류에 대해서 장밋빛 미래를 말합니다. 외형만 보면 그럴 수 있습니다. 하지만 최근에는 그 외형만 봐도 심상치가 않습니다. 지구적 기상이변과 전염병의 세계 대유행 등은 하나의 단면입니다. 이런 문제의 근본 원인은 사람의 죄에 있습니다. 그것은 인류가 직면하고 있는 절망적인 상황입니다. 일부 사회학자나 심리학자는 사람의 문제를 처한 환경에서 찾습니다. 환경이 사람을 병들게 하는 요인인 것은 사실입니다. 하지만 사람이 병든 본질 문제는 환경보다도 죄입니다. 세상이 복잡해지고, 거칠어져서 사람이 거칠게 큰 것이 아닙니다. 사람의 본성이 거칠어서 그렇게 큰 것입니다. 시 51:5는 말씀합니다. "내가 죄악 중에서 출생하였음이여 어머니가 죄 중에서 나를 잉태하였나이다." 사람은 처음부터 죄인이어서 세상이 죄로 가득한 것입니다.

칼뱅은 이것을 사람의 '전적 부패(Total Depravity)', '전적 무능력

(Total Inability)'이라고 불렀습니다. 파스칼도 말했습니다. "나는 이 세상에 의인이나 위인이나 성자가 존재하지 않는다고 믿는다. 오직 한 가지 종류의 사람만 있다. 즉, 죄인이다." 그런데 더 안타까운 현실은 인류의 죄가 점점 깊어간다는 것입니다. 그 어떤 것으로도 죄를 조절하지 못합니다. 세상은 점점 갈등과 싸움이 커갑니다.

'코로나 19' 앞에서 한국교회는 두 그룹으로 나뉘었습니다. "교회는 대사회적 책임감을 느끼고 무조건 사과해야 한다." "아니다. 정부가 교회를 지나치게 압박하고 있으니 대항해야 한다." 여기에 의료진과 정부가 '강대강'으로 대립하고 있습니다. 이른바 '촛불 혁명'으로 세운 새로운 정부가 들어서면 이런 갈등은 없을 것으로 기대했는데, '지금까지 살아보지 못한 세상'을 살고 있습니다. 그러나 이것이 오늘 우리가 직면하고 있는 현실입니다. 이런 현실은 오늘 갑자기 생긴 것은 아니고, 인류 역사와 더불어 처음부터 있었습니다.

그 실상이 어떠합니까? 11-12절을 봅시다. "깨닫는 자도 없고 하나님을 찾는 자도 없고, 다 치우쳐 함께 무익하게 되고 선을 행하는 자는 없나니 하나도 없도다." 이방 사람은 하나님을 깨닫지 못해서 우상을 숭배하고 성 윤리를 왜곡했습니다. 유대인은 민족적 특권과 우월의식을 내세우면서도 하나님의 뜻에 어긋난 삶을 삽니다. 그들은 의도적으로 하나님을 떠나서 한쪽으로 치우쳤습니다. 그들은 우유가 쉬어 못쓰게 되는 것처럼 무익하고 쓸모없는 존재가 되었습니다.

그들의 말은 어떠합니까? 13-14절을 읽읍시다. "저희 목구멍은 열린 무덤이요 그 혀로는 속임을 베풀며 그 입술에는 독사의 독이 있고, 그 입에는 저주와 악독이 가득하고." 목구멍은 말이 나오는 곳입니다. 무덤은 시체를 넣어 두는 곳입니다. 무덤 문이 열려 있다면 안에서 썩은 냄새가 나옵니다. 이처럼 사람의 목구멍은 온갖 더러운 말을 합니다. 혀 밑에 독을 품고 있는 독사와 같습니다. 그 입에는 저주와 악독이 가득합니다 (13-14).

　삶의 현장에서 생기는 갈등 대부분은 말에서 시작합니다. 대화하면서 다른 사람에게 책임을 돌릴 때가 참 많습니다. 에덴동산에서 아담과 하와가 서로에게 했던 그 책임 전가의 피가 흐르기 때문입니다. 말은 그 사람 마음의 표현입니다. 다른 사람에게 상처 주는 거친 말은 그 사람의 거친 내면에서 나옵니다. 사람의 인격을 파괴하는 무서운 말을 고치려면 그 마음을 고쳐야 합니다. 우리는 상대에게 상처 주는 말을 합니까? 위로하고 격려하는 말을 합니까?

　말이 독한 사람의 발은 피 흘리는 데 빠릅니다. 어쩌다가 난폭한 행동을 하는 것이 아니라 악을 행하는 데 열심을 냅니다. 파멸과 고생이 그 길에 있습니다. 그런 사람은 평화의 길을 알지 못합니다(15-17). 그는 평화의 길을 밟지도 않고, 그 길이 있는지도 모릅니다. 그들의 관심은 평화가 아니라 파괴입니다. 죄는 인간과 하나님 사이를 파괴할 뿐만 아니라 사람 사이도 파괴합니다.

　왜 그런 일이 일어납니까? 18절을 읽읍시다. "그들의 눈앞에 하나님을 두려워함이 없느니라 함과 같으니라." 그들은 하나님을 두려워하지 않습니다. 사람이 습관적으로 죄를 짓다 보면 하나님의 심판을 두려워할 필요가 없다는 그릇된 확신에 빠집니다. 그러면 남는 것은 죄뿐입니다. 죄의 끝은 죽음입니다.

　에스키모인이 여우를 잡을 때 이렇게 한다고 합니다. "짐승의 피를 칼날에 묻혀서 칼날이 하늘을 향하도록 얼음 속에 세워둡니다. 냄새에 민감한 여우가 다가와 그 피를 핥습니다. 그런데 여우는 피에 감춰진 예리한 칼날을 모릅니다. 그 칼날에 의해 자기 혀에서 피가 나오는 것도 모르고 핥습니다. 얼마 후에는 자기 피를 핥고 있습니다. 결국, 얼음 위에 싸늘한 주검

이 됩니다." 북극의 밤에 칼날을 핥고 또 핥는 여우의 가련한 모습, 이것은 죄 아래 있는 사람의 실상입니다. 사람의 실상을 냉정하게 말하면 절망의 존재요, 죽음의 존재입니다. 이 절망과 죽음의 터널에서 빠져나갈 구원의 길이 필요합니다.

'코로나 19'가 길어지면서 '코로나 피로도'가 한계에 다다랐습니다. 그래서 '방역 민폐족'에 대해 분노하는 '코로나 앵그리(angry)'가 생겼습니다. 그중에는 교회에 대한 분노가 가장 크다는군요. 교회가 세상에 대한 신뢰를 잃어버렸습니다. 이 어려울 때 우리는 말씀 앞에서 나를 먼저 가르쳐야 합니다. 세상의 소금과 빛으로서, 성경 선생과 목자로서 개인 신앙을 견실하게 해야 합니다. 그리하여 잃어버린 사회적 신뢰를 회복할 수 있기를 기도합니다.

제5강
화목제물

◇ 본문 로마서 3:19−31
◇ 요절 로마서 3:25
◇ 찬송 252장, 254장

사도 바울은 '율법이 없는 사람은 물론이고 율법이 있는 사람도 다 죄 아래에 있다.'라고 선언했습니다(3:9). 그러면 사람에게 구원의 길은 없는 것입니까?

19절을 봅시다. "우리가 알거니와 무릇 율법이 말하는 바는 율법 아래에 있는 자들에게 말하는 것이니 이는 모든 입을 막고 온 세상으로 하나님의 심판 아래에 있게 하려 함이라." 유대인은 이방 사람만 하나님의 심판을 받는다고 생각했습니다. 하지만 율법은 온 세상이 하나님의 심판 아래 있음을 선언합니다. 그렇다면 누가 '나는 죄 아래 있지 않다.'라고 할 수 있겠습니까?

율법의 행위로 본다면 사람은 어떤 존재입니까? 아무리 유대인일지라도 율법의 행위로는 하나님께 인정받지 못합니다. 율법의 요구대로 살 수 없기 때문입니다. 율법은 죄를 깨닫게 할 뿐이지 구원하지 못합니다(20). 그러므로 율법 없이 사는 사람은 물론이고 율법 아래서 사는 사람의 미래도 절망적입니다.

그러나 이제 무엇이 나타났습니까? 21절을 읽읍시다. "이제는 율법 외에 하나님의 한 의가 나타났으니 율법과 선지자들에게 증거를 받은 것이라." 사람의 절망적인 상황에 희망의 빛이 비쳤습니다. 율법과 상관없이 하나님의 의가 나타났기 때문입니다. 율법으로 구원받을 수 없는 절망의 시대가 가고 하나님의 의로 구원받을 수 있는 희망의 시대가 왔습니다. 그것을 율법과 선지자들이 증언합니다. 누군가 머리 좋은 사람이 하나님의 의를 최근에 만든 것이 아닙니다. 구약 성경이 처음부터 증언했습니다.

하나님의 의는 무엇이며, 우리에게 어떻게 임합니까? 22절을 읽읍시다. "곧 예수 그리스도를 믿음으로 말미암아 모든 믿는 자에게 미치는 하나님의 의니 차별이 없느니라." '하나님의 의'는 '하나님과 바른 관계성을 맺는 것'이며, '하나님께서 사람을 구원하는 행위'라고 말했습니다. 하나님의 의를 자신의 구원행위로 경험하는 것은 오직 믿음입니다. 믿음은 그리스도 안에서 이루어진 구속의 은혜를 마음으로 받아들이는 것입니다. 믿음은 유대인과 이방인 사이에 구별이 없습니다. 믿음으로 말미암는 의는 인종과 국가와 문화를 뛰어넘어 누구에게나 임합니다.

왜 믿음으로만 그 의가 임합니까? 모든 사람이 죄를 지어서 하나님의 영광에 이르지 못했기 때문입니다(23). 사람은 죄를 지어서 하나님께서 본래 주셨던 그 형상을 잃어버렸습니다. 하나님께서 원하시는 수준에 이르지 못했습니다.

이런 사람이 어떻게 의롭다 하심을 얻었습니까? 24절을 읽읍시다. "그리스도 예수 안에 있는 속량으로 말미암아 하나님의 은혜로 값없이 의롭다 하심을 얻은 자 되었느니라." '속량(贖良, redemption)'이란 '몸값을 받고 노비의 신분을 풀어주어 양민으로 살게 하는 일'을 뜻합니다. 사람은 본질에서 죄의 노예입니다. 그 노예에게서 풀려나려면 누군가 몸값을 지급해야 합니다. 그런데 그리스도 예수님께서 몸값을 지급하셔서 우리를

죄의 노예에게서 풀어주셨습니다. 그리고 우리를 하나님의 아들딸로 살도
록 하셨습니다.

하나님은 우리를 왜 속량하신 것입니까? 우리가 뭔가를 행했기 때문에
그 대가로 속량하신 것입니까? 아닙니다. 오직 은혜로 속량하셨습니다. 그
것도 값없이, 선물로 주신 것입니다. 그런데 그 이면에는 엄청나고 고귀한
대가를 치르셨습니다. 예수님께서 십자가에서 돌아가심으로써 그 값을 지
급하셨기 때문입니다. 따라서 하나님의 은혜로운 선물은 결코 값싼 것이
아닙니다. 우리는 값없이 받은 선물이지만 하나님은 엄청나게 비싼 대가
를 지급하셨습니다. 이것을 영어로 'priceless', 즉 '값을 매길 수 없는', '대
단히 귀중한'이라고 부릅니다.

그 결과 우리는 어떻게 되었습니까? 의롭다 하심을 얻었습니다. 이것을
'칭의(稱義, 의롭다 일컬음, justification)'라고 부릅니다. '칭의'는 '실제
는 의롭지도 않은데 단순히 어떤 사람을 '의롭게 일컫는다.'라는 말이 아
닙니다. 벌을 받아야 마땅한 죄를 하나님께서 용서하셨다는 의미입니다.
그래서 이제는 죄가 없는 사람으로 인정한다는 법률적 선언입니다. 그 선
언의 효력은 우리 안에서 이미 시작했고, 최후 심판에서 완전하게 이루어
집니다. 오늘 우리는 삶의 현장에서 그 칭의를 이미 경험하고 있습니다.

이 원리를 교회 개혁자는 '다섯 가지 오직(Five Solas)'으로 표현했습니
다: "오직 성경(Sola Scriptura)" – 교회의 모든 전통은 오직 성경의 권위
아래에 있어야 한다. "오직 그리스도(Solus Christus)" – 십자가에서 우리
를 속량하신 예수 그리스도만이 우리를 구원하신다. "오직 은혜(Sola
Gratia)" – 우리를 속량하심은 우리의 공로에 대한 대가가 아니라 오직 은
혜이다. "오직 믿음(Sola Fide)" – 하나님의 은혜를 행위가 아닌 오직 믿
음으로 받는다. "오직 하나님께 영광(Soli Deo Gloria)" – 구원을 하나님이
시작하고 완성하시니 모든 영광을 오직 하나님이 받으신다.

바울은 이 원리를 어떤 배경으로 다시 강조합니까? 25절을 읽읍시다. "이 예수를 하나님이 그의 피로써 믿음으로 말미암는 화목제물로 세우셨으니 이는 하나님께서 길이 참으시는 중에 전에 지은 죄를 간과하심으로 자기의 의로우심을 나타내려 하심이니." '화목제물'이란 '죄를 깨끗이 한 것'과 '화해하는 것'을 뜻합니다. 그리고 '속죄소(mercy seat)'라는 뜻도 있습니다. 속죄소는 지성소 안에 있는 법궤 위의 금속판을 가리킵니다(레 16:2). 대제사장은 1년에 한 번 대속죄일에 자신과 가족, 그리고 백성을 위하여 수송아지 제물을 드리고, 그 피를 속죄소 위와 앞에 뿌립니다. 그런데 이제는 하나님께서 예수님의 피를 화목제물로 세우셨습니다. 예수님의 피가 구약 시대의 짐승의 피를 대신합니다.

그 피는 무슨 역할을 합니까? 첫째로, 화목의 수단입니다. 화목은 하나님의 진노를 달래는 것입니다. 하나님은 죄인에게 화를 내고 심판하십니다. 구약 시대에는 짐승의 피를 뿌려서 하나님의 화를 달랬습니다. 그런데 이제는 예수님의 피가 그 화를 달래고 심판하지 않도록 합니다. 둘째로, 예수님의 피는 죄를 깨끗이 하는 수단입니다. 구약 시대에는 짐승의 피로 백성의 죄를 씻었습니다. 그러나 이제는 예수님의 피로 그 죄를 씻습니다. 십자가에서 죽으신 그리스도는 구약 속죄소의 종말론적인 모형입니다. 그리스도는 하나님의 새로운 속죄소입니다. 하나님은 예수님의 피를 통해서 우리의 죄를 깨끗하게 하십니다.

그 선물을 오늘 우리는 어떻게 받습니까? 그 또한 당연히 믿음으로 받습니다. 하나님은 왜 믿음으로 받게 하셨습니까? 하나님께서 길이 참으시는 중에 전에 지은 죄를 간과하심으로 당신의 의로우심을 나타내려 하심입니다. 만일 하나님께서 우리가 죄를 지을 때마다 처벌했다면 오늘까지 남아있을 사람이 없습니다. 하나님은 이방인이든 유대인이든 그들이 화목제물을 믿으면 용서하십니다. 그리하여 당신의 의로우심을 나타내시고,

예수님을 믿는 그 사람을 의롭다고 하십니다(26). 그러므로 중요한 것은 화목제물을 믿는 믿음입니다.

오늘 우리는 세 종류의 세상에서 삽니다. 첫 번째는, 얼굴을 맞대며 사는 '대면(contact)' 세계입니다. 두 번째는, 사회적 거리 두기를 하며 사는 '비대면(untact)' 세계입니다. 예전에는 '비대면 세계'를 인정하지 않고 '대면 세계'만 인정했는데, 이제는 '비대면 세계'가 훨씬 가까이에 있습니다. 마지막으로, 믿음의 세계입니다. 믿음의 세계는 화목제물을 믿고 사는 세계입니다. 누구든지 그 세계를 믿음으로 들어가면 용서와 생명을 누릴 수 있습니다. 하나님은 오늘도 그 믿음의 세계로 우리를 초청하십니다.

태풍이 자주 와서 큰 피해를 주고 있습니다. 그런데 태풍은 부정적인 면과 함께 긍정적인 면도 있습니다. 태풍은 바닷물과 땅의 공기를 뒤집어서 환경을 새롭게 합니다. 무더위가 물러가고 시원한 가을바람이 옵니다. '코로나 19'는 우리의 일상을 태풍처럼 뒤집고 있습니다. 특히 교회 예배를 흔들었습니다. 그런데 한편으로는 우리의 예배를 돌아보며 새로운 시대를 대비하도록 하신 뜻을 깨닫습니다. 저는 그것을 '공적 예배' 중심에서 '개인 예배', '삶의 예배'로의 전환이라고 생각합니다. 다시 말하면 개인 신앙을 굳게 하는 데 힘써야 한다는 것입니다.

유대 청년 다니엘은 바벨론 포로로 끌려갔는데, 그곳에서 정상적인 예배를 할 수 없었습니다. 하지만 그는 예루살렘으로 향한 창문을 열고 하루 세 번씩 무릎을 꿇고 기도했습니다(단 6:10). 그는 공적 예배를 하지 못할지라도 개인 예배에 힘쓰며 개인 신앙을 굳게 한 것입니다. 어떤 분은 "요즘처럼 '비대면 예배'가 길어지면 성도로서 그 '실력'이 드러날 것이다."라고 말합니다. 우리가 개인 신앙의 실력을 기르면 기를수록 '대면' 예배가 가까워지지만, 개인 신앙의 실력을 기르지 않고 그냥 놀면 '대면' 예배는 더 멀어질 질 수 있다는 것입니다. 왜냐하면, 개인 신앙이 없으면 막상 '대면 예배', 즉 '공적 예배'를 해야 할 때 할 수 없기 때문입니다. 따라서 오늘 우리에게 중요한 점은 있는 그곳에서 믿음의 실력을 기르는 일입니다. '온라인(on line) 비대면' 예배일지라도 예배의 중요성을 아무리 강조해도 모자람이 없습니다. 우리는 오직 믿음으로 의롭다 하심을 받기 때문입니다.

그러므로 사람이 자랑할 것이 있습니까? 27절을 읽읍시다. "그런즉 자랑할 데가 어디냐 있을 수가 없느니라 무슨 법으로냐 행위로냐 아니라 오직 믿음의 법으로니라." 사람이 자랑할 것은 전혀 없습니다. 하나님의 특별한 사랑을 기대하는 유대인은 이방인에 대하여 우월의식과 배타적 특권을 가졌습니다. 하지만 '칭의'의 은혜는 유대인의 정체성을 나타내는 율법의 행위에서 오지 않습니다. 오직 믿음을 통해서 옵니다. 따라서 믿음의 세계에서는 자랑할 근거가 없습니다.

그러므로 우리는 무엇을 인정합니까? 사람이 의롭다 하심을 얻는 것은 율법의 행위에 있지 않고 믿음으로 되는 줄 인정합니다(28). 믿음은 칭의의 은총을 경험하는 유일한 수단입니다. 믿음밖에는 의롭다 하시는 하나님의 은혜를 경험할 수 있는 다른 길은 없습니다. 새로운 하나님 백성의 신분과 삶을 규정하는 요소는 초 문화적이고 초 인종적인 믿음뿐입니다. 하나님은 믿음이라는 근거 위에서 유대인뿐만 아니라 이방인에게도 의롭다 하시는 선물을 주셨습니다.

영화 "벤허(*Ben-Hur*, 1959)"를 기억합니다. '벤허'는 히브리말로 '후르의 아들'이라는 뜻입니다. 주인공 '후르의 아들'은 귀족에서 졸지에 로마 군함의 노 젓는 노예로 전락합니다. 그는 군함이 해적에게 습격을 받았을 때 함대 사령관을 극적으로 구합니다. 사령관은 생명의 은인 '후르의 아들'을 양자 삼습니다. '벤허'는 노예에서 로마 원로원의 아들이라는 새로운 신분을 누립니다. 여기서 우리는 우리를 양자 삼으신 하나님과 그분의 아들딸로 새로운 신분을 누리는 우리의 모습을 봅니다. 그러나 다른 한 가지가 있는데, '벤허'가 특권을 누리는 것은 그가 사령관을 살린 큰일에 대한 보상이었습니다. 그런 그는 자랑할 만합니다. 하지만 우리는 자랑할 일이 없습니다. 하나님을 위해 한 일이 없기 때문입니다. 그런데도 하나님께서 오직 은혜로 우리를 당신의 아들딸로 삼으셨습니다.

그러면 이 하나님은 누구십니까? 29절을 읽읍시다. "하나님은 다만 유대인의 하나님이시냐 또한 이방인의 하나님은 아니시냐 진실로 이방인의 하나님도 되시느니라." 유대인은 하나님이 그들만의 하나님이라고 믿었습니다. 그러나 그분은 이방인의 하나님도 되십니다. 하나님은 할례를 받은 사람도 믿음으로, 할례를 받지 않은 사람도 믿음으로 의롭다 하시기 때문입니다(30). 하나님은 신분이나 문화나 인종을 뛰어넘어 누구든지 믿음으로 구원받는 길을 열어놓으셨습니다.

그러면 우리가 율법을 파기하는 것입니까? 31절입니다. "그런즉 우리가 믿음으로 말미암아 율법을 파기하느냐 그럴 수 없느니라 도리어 율법을 굳게 세우느니라." 이제까지 율법을 믿음과 분리했기에 "믿음을 통해서 율법을 무효로 만드는 것인가?"라고 질문할 수 있습니다. 그러나 그럴 수 없습니다. 도리어 율법을 굳게 세웁니다. 왜냐하면, 믿음으로 살면 율법을 지킬 수 있기 때문입니다. 그래서 믿음은 율법을 파기하지 않고 오히려 굳게 세웁니다.

인류의 절망은 어디에서 왔습니까? 죄와 죽음, 그리고 하나님의 심판에서 왔습니다. 인류의 희망을 어디에서 찾아야 합니까? 죄와 죽음, 그리고 심판을 해결하는 데서 찾아야 합니다. 하나님께서 예수님을 화목제물로 보내셔서 죄와 죽음을 해결하셨습니다. 누구든지 화목제물 예수님을 믿으면 죄를 용서받고 의롭다 하심을 받습니다. 화목제물 예수님이 나는 물론이고, 이 세상과 인류의 희망입니다!

제6강
우리도 위함이니

◇ 본문 로마서 4:1-25
◇ 요절 로마서 4:24
◇ 찬송 545장, 546장

대부분 믿음의 사람이 인정하고, 하나님이 인정하신 한 사람을 들라면 누가 생각납니까? 아브라함입니다. 그는 믿음으로 살았기 때문입니다. 그의 믿음의 특징은 무엇이며, 그의 믿음이 오늘 우리와는 무슨 관계가 있습니까?

하나님은 할례를 받은 사람도 믿음을 보고 의롭다고 하시고, 할례를 받지 않은 사람도 믿음을 보고 의롭다고 하십니다(3:30). 그러면 혈통으로 유대인의 조상인 아브라함은 무엇을 얻었습니까? 만일 그가 행위로 의롭다 하심을 얻었으면 자랑할 것이 있습니다. 그러나 그는 하나님 앞에서 자랑할 것이 없습니다(4:1-2).

그 이유가 무엇입니까? 3절을 읽읍시다. "성경이 무엇을 말하느냐 아브라함이 하나님을 믿으매 그것이 그에게 의로 여겨진 바 되었느니라." 아브라함이 자랑할 것이 없는 이유는 그가 하나님을 믿었고, 하나님은 그 믿음을 보시고 의롭다고 인정하셨기 때문입니다. 당시 아브라함은 하나님의 말씀대로 살았지만, 말씀과 현실의 간격이 너무 컸습니다. 그는 그토록 바

랐던 믿음의 계승자를 세우지 못했습니다. 그는 풀리지 않는 현실로 마음이 몹시 불편했습니다. 어느 날 여호와께서 그를 데리고 밖으로 나가서 이렇게 말씀하셨습니다. "하늘을 우러러 뭇별을 셀 수 있나 보라, 네 자손이 이와 같으리라." 아브라함은 그 말씀을 듣고 여호와를 믿었습니다. 그리고 여호와께서 그것을 의로 여기셨습니다(창 15:3-6).

그 하나님은 어떤 분입니까? 4절과 5절을 봅시다. "일하는 자에게는 그 삯이 은혜로 여겨지지 아니하고 보수로 여겨지거니와, 일을 아니 할지라도 경건하지 아니한 자를 의롭다 하시는 이를 믿는 자에게는 그의 믿음을 의로 여기시나니." 일한 사람이 품삯을 받으면 은혜로 여기지 않고 일한 대가로 생각합니다. 그러나 아무 일을 하지 않은 사람, 즉 경건하지 않은 사람을 의롭다고 하시는 분이 있습니다. 경건하지 하지 않은 사람이 그분을 믿으면 의롭다고 인정받습니다. 그것은 믿음의 신비입니다.

누가 그런 신비를 체험했습니까? 다윗입니다. 그는 일한 것이 없는데도 하나님께서 의로 여기심을 알았습니다. 그는 사람의 진정한 행복이 죄를 용서받는 데 있음을 알았습니다(6-7). 그는 고백합니다. "주께서 그 죄를 인정하지 아니하실 사람은 복이 있도다"(8). 그 고백은 그의 삶에서 나왔습니다.

다윗은 '예수님의 그림자'로 불릴 만큼 대단한 인물이었습니다. 하지만 그런 그도 한 여인과 부적절한 관계를 맺었습니다. 또 왕의 지위를 이용하여 그녀의 남편을 전쟁에서 죽게 했습니다. 하지만 죄의 순간은 달콤했지만, 그 열매는 썼습니다. 그는 하나님과 사람 앞에서 몹시 고통받았습니다. 그때 선지자 나단의 도움으로 죄를 회개하고 용서받았습니다. 그 마음을 이렇게 고백합니다. "허물의 사함을 받고 자신의 죄가 가려진 자는 복이 있도다, 마음에 간사함이 없고 여호와께 정죄를 당하지 아니하는 자는 복이 있도다"(시 32:1-2).

그러면 그 복은 할례를 받은 사람에게만 내립니까? 아니면 할례를 받지 않은 사람에게도 내립니까? 우리는 앞에서 말하기를 "하나님께서 아브라함의 믿음을 의로 여기셨다."라고 했습니다. 그러면 어떻게 아브라함이 그런 인정을 받은 것입니까? 그가 할례를 받은 후에 그렇게 된 것입니까? 아니면 할례를 받기 전에 그렇게 된 것입니까? 그것은 할례를 받은 후에 된 일이 아닙니다. 그가 할례를 받기 전에 된 일입니다(9-10). 아브라함의 그 경험은 바울 당대의 유대인뿐만 아니라 하나님을 경외하는 모든 사람에게 원형적 의미를 줍니다. 왜냐하면, 의롭다 하심을 경험할 때의 상황은 단순한 개인적 의미를 넘어서 이방인의 영적 신분을 결정하는 데 결정적인 의미를 주기 때문이다.

그렇다면 여기서 첫 번째로 드는 질문은 무엇입니까? 아브라함이 받은 할례는 무슨 의미입니까? 11절입니다. "그가 할례의 표를 받은 것은 무할례시에 믿음으로 된 의를 인친 것이니 이는 무할례자로서 믿는 모든 자의 조상이 되어 그들도 의로 여기심을 얻게 하심이라." 여기서 '인치다'라는 말은 어떤 상태나 신분을 확증하는 것을 뜻합니다. 할례는 하나님께서 그를 의롭다고 확증하는 표시가 아닙니다. 할례는 믿음을 통해서 경험한 의로움을 나타내는 표시일 뿐입니다. 아브라함은 할례를 받지 않고도 믿는 모든 사람의 조상이 되었습니다. 이것은 할례를 받지 않은 사람도 의롭다는 인정을 받게 하려는 것입니다. 하나님께서 아브라함이 무할례자일 때 인정하신 것은 이방인도 인정하기 위함이었습니다. 하나님은 아브라함을 구속역사의 대표로 세우신 것입니다.

그는 할례자와는 무슨 관계가 있습니까? 그는 할례를 받은 사람의 조상이기도 합니다. 그는 할례를 받은 사람은 물론이고 할례를 받지 않았지만, 믿음의 자취를 따르는 모든 사람의 조상입니다(12).

두 번째로 드는 질문은 무엇입니까? 하나님께서 아브라함을 상속자로 삼으신 근거는 무엇입니까? 13절을 읽읍시다. "아브라함이나 그 후손에게 세상의 상속자가 되리라고 하신 언약은 율법으로 말미암은 것이 아니요 오직 믿음의 의로 말미암은 것이니라." 하나님은 아브라함과 그 후손에게 세상의 상속자가 될 것을 약속하셨습니다. 그것은, 약속의 땅 가나안으로 들어가는 것을 뜻하며, 장차 온 세상에 아브라함의 영적 후손이 가득할 것을 말합니다.

그 언약의 근거가 무엇입니까? 오직 믿음의 의입니다. 아브라함이 약속을 받았을 때는 율법이 아직 없었습니다. 그가 이미 믿음으로 의롭다 하심을 받았을 때입니다(창 15:6). 하나님은 믿음으로 의롭다 하심을 받은 그에게 이 언약을 주셨습니다(창 18:18). 따라서 아브라함의 후손도 율법의 행위를 수단으로 약속을 받은 것이 아니고, 오직 믿음의 의에 기초해서만 약속을 받습니다.

만일 율법에 속한 사람이 상속자이면 어떤 문제가 생깁니까? 믿음은 헛것이 되고 약속은 파기됩니다(14). 율법은 약속을 이어받는 일에 아무런 역할을 하지 않았습니다. 율법의 역할은 무엇입니까? 율법은 죄지은 사람에게 하나님의 진노가 임함을 알려줍니다. 하나님의 진노는 현실적 실재일 뿐만 아니라 최후 심판에서 일어날 미래의 실체입니다. 따라서 율법이 없는 곳에는 법을 어기는 일도 없습니다(15). 율법은 자신의 행동을 비춰보는 거울 역할을 합니다. 죄가 무엇인지에 대한 기준을 제시합니다. 그러므로 율법이 없으면 그 기준이 없어서 죄를 짓는 일도 생기지 않습니다.

그러므로 상속자는 어떻게 됩니까? 16절입니다. "그러므로 상속자가 되는 그것이 은혜에 속하기 위하여 믿음으로 되나니 이는 그 약속을 그 모든 후손에게 굳게 하려 하심이라 율법에 속한 자에게뿐만 아니라 아브라함의 믿음에 속한 자에게도 그러하니 아브라함은 우리 모든 사람의 조상이라." 상속자는 율법이 아닌 믿음으로 됩니다. 상속자는 행위에 대한 보상이 아

닌 오직 은혜에 기초합니다. 하나님은 아브라함에게 주신 약속을 모든 후
손에게 굳게 하려고 하십니다. 아브라함의 약속을 모든 후손에게 확실하
게 보장하려는 것이 하나님의 뜻입니다. 하나님은 아브라함에게 약속한
유업을 유대인에게만 주지 않고 아브라함 믿음의 자취를 좇는 모든 사람
에게 주십니다. 이것을 우리는 '믿음의 보편성'이라고 부릅니다.

그러면 아브라함 믿음의 특징은 무엇입니까? 첫째로, 그는 죽은 사람을
살리시는 하나님을 믿었습니다. 17절을 읽읍시다. "기록된바 내가 너를 많
은 민족의 조상으로 세웠다 하심과 같으니 그가 믿은바 하나님은 죽은 자
를 살리시며 없는 것을 있는 것으로 부르시는 이시니라." 바울 사도는 믿
음의 보편성에 대한 근거를 창세기에서 찾습니다. 아브라함의 믿음에서
찾습니다. 하나님께서 아브라함의 믿음을 보시고 그를 많은 민족의 조상
으로 세우셨습니다.

그런데 그때 아브라함에게는 한 가지 심각한 인생 문제가 있었습니다.
많은 민족의 조상이 되려면 아들이 있어야 하는데, 그에게는 아들이 없었
습니다. 이상과 현실의 간격이 너무나 컸습니다. 하지만 그는 하나님을 믿
었습니다. 하나님은 때가 되자 그의 믿음대로 아들을 낳게 하셨습니다. 그
런데 하나님은 아브라함에게 그 아들을 제물로 바치라고 하셨습니다. 그
는 순종했는데, 하나님께서 그 아들을 다시 살리실 줄 믿었기 때문입니다
(창 22:1-18, 히 11:19). 그는 하나님을 죽은 사람에게 생명을 주시는 창
조주로 믿었습니다. 그 믿음의 중심에는 창조주 하나님, 즉 죽은 사람을
살리시는 하나님이 있습니다.

둘째로, 그는 바랄 수 없는 중에 바라고 믿었습니다. 18절도 읽읍시다.
"아브라함이 바랄 수 없는 중에 바라고 믿었으니 이는 네 후손이 이 같으
리라 하신 말씀대로 많은 민족의 조상이 되게 하려 하심이라." 아브라함은
인간적으로는 희망을 품을 수 없었습니다. 왜냐하면, 그때 그는 백 세나

되어 자기 몸이 죽은 것 같고, 아내 사라의 태가 죽은 것 같음을 알았기 때문입니다. 그런데도 그는 믿음이 약해지지 않았습니다. 그는 믿음이 없어 하나님의 약속을 의심하지 않았습니다. 오히려 그는 믿음으로 믿음을 견고하게 하여 하나님께 영광을 돌렸습니다(19-20).

그는 어떻게 그럴 수 있었습니까? 21절을 읽읍시다. "약속하신 그것을 또한 능히 이루실 줄을 확신하였으니." 그는 하나님께서 약속하신 바를 능히 이루실 줄 확신했습니다. 그는, 하나님은 약속하는 분이며, 동시에 그 약속을 능히 지킬 수 있는 분임을 믿었습니다.

여기서 볼 때, 아브라함 믿음의 특징은 무엇이며, 우리는 무엇을 배웁니까? 아브라함은 죽은 사람을 살리시는 하나님을 믿었습니다. 그의 믿음은 살아 있는 믿음입니다. 그것은 단순히 하나님의 존재를 인정하는 지적인 행위가 아닙니다. 그의 믿음은 삶과 하나입니다. 또 그는 바랄 수 없는 중에 바라고 믿었습니다. 그는 현실과 믿음 사이에서 갈등할지라도, 믿음을 붙들었습니다. 그는 믿음으로 믿음을 굳게 했습니다. 현실이 믿음을 굳게 하지 않습니다. 현실은 언제나 바뀌기 때문입니다. 약속의 말씀이 믿음을 굳게 합니다.

그러므로 오늘 우리에게 중요한 점은 무엇입니까? 현실보다도 말씀을 믿는 믿음입니다. 우리는 삶의 현장에서 언제 믿음이 흔들립니까? 약속을 믿고 살다가도 현실이 약속과는 너무 멀어질 때 믿음이 흔들립니다. 상황이 나쁘면 믿음이 흔들립니다. 그러나 우리 믿음의 근거는 무엇입니까? 약속의 말씀입니다. 우리는 현실을 보고 믿음을 가지지 않았습니다. 말씀을 믿고 믿음을 가졌습니다. 그러므로 상황이 어찌하든지 말씀을 붙들어야 합니다. 그러면 상황이 버거울지라도 믿음은 흔들리지 않습니다. 우리가 "믿음으로 산다"라는 말은 "현실과 싸워서 이긴다." "현실이 아닌 말씀을 붙든다."라는 뜻입니다.

물론 어떤 때는 우리가 말씀대로 믿음을 가져도 당장 변화가 없습니다. 그러면 말씀이 헛된 것처럼 보입니다. 하지만 말씀은 우리 가슴에 뿌리를 내리고 혈관에 흘러 들어가서 체질화합니다. 이사야 선지자는 강조합니다. "이는 비와 눈이 하늘로부터 내려서 그리로 되돌아가지 아니하고 땅을 적셔서 소출이 나게 하며 싹이 나게 하여 파종하는 자에게는 종자를 주며 먹는 자에게는 양식을 줌과 같이, 내 입에서 나가는 말도 이와 같이 헛되이 내게로 되돌아오지 아니하고 나의 기뻐하는 뜻을 이루며 내가 보낸 일에 형통함이니라"(사 55:10-11).

하나님께서 무엇을 보시고 아브라함을 의롭다고 여기셨습니까? 22절입니다. "그러므로 그것이 그에게 의로 여겨졌느니라." 아브라함이 의로 인정받은 것은 그의 약속을 믿는 믿음 때문입니다. 그런데 여기서 질문합니다. "그가 믿음으로 인정받은 그것이 오늘 우리에게 무슨 의미가 있습니까?"

아브라함이 믿음으로 인정받은 것은 누구를 위한 것입니까? 23절과 24절을 읽읍시다. "그에게 의로 여겨졌다 기록된 것은 아브라함만 위한 것이 아니요, 의로 여기심을 받을 우리도 위함이니 곧 예수 우리 주를 죽은 자 가운데서 살리신 이를 믿는 자니라." 그가 믿음으로 인정받은 것은 그 자신만을 위한 것이 아닙니다. 하나님께서 의롭다고 여겨 주실 우리도 위함입니다.

우리는 누구입니까? 우리는 예수님을 죽은 사람 가운데서 살리신 분을 믿는 사람입니다. 아브라함은 죽은 자를 살리는 능력의 하나님을 믿었습니다. 아브라함 믿음의 발자취를 따르는 우리도 예수님을 죽은 사람 가운데서 살리신 능력의 하나님을 믿습니다. 아브라함이나 우리나 믿음의 대상은 모두 하나님이십니다. 아브라함의 믿음과 우리의 믿음이 같습니다. 따라서 그가 믿음으로 의롭다 하심을 받은 것처럼 우리도 믿음으로 의롭다 하심을 받습니다. 아브라함은 모든 시대 모든 믿는 자의 조상입니다.

그런데 아브라함의 믿음을 개인 신앙의 본으로만 본받자는 것은 아닙니다. 그의 믿음이 어떻게 이방인을 하나님의 백성으로 인도했는가도 함께 생각해야 합니다. 우리는 유대인 편에서 볼 때 이방인이기 때문입니다. 그래야 아브라함의 믿음이 우리의 믿음으로 이어지고, 아브라함이 받은 의롭다 하심이 오늘 우리의 의롭다 하심으로 이어집니다.

하나님께서 살리신 예수님은 누구십니까? 25절입니다. "예수는 우리가 범죄한 것 때문에 내줌이 되고 또한 우리를 의롭다 하시기 위하여 살아나셨느니라." 예수님은 우리의 죄 때문에 죽임을 당하셨습니다. 하나님께서 우리 죄인을 구속하기 위해서 예수님을 십자가의 죽음에 내주셨습니다. 인간적 관점에서 보면 십자가 사건은 사람들이 예수님을 죽음에 넘겨준 것입니다. 하지만 하나님의 관점에서 보면 그것은 하나님께서 사람의 죄를 위해 죽음에 넘겨주신 사건입니다. 그런데 우리를 위해 십자가에서 돌아가신 예수님은 우리를 의롭게 하시려고 살아나셨습니다. 예수님의 살아나심은 예수님의 죽으심의 의미를 확증합니다. 부활이 없으면 십자가의 의미는 의미가 없습니다.

아브라함은 어떻게 모든 믿는 사람의 조상이 되었습니까? 그가 할례를 행했기 때문인가요? 율법을 받고 율법대로 살았기 때문입니까? 아닙니다. 오직 믿음 때문입니다. 그는 죽은 사람을 살리시는 하나님을 믿었고, 바랄 수 없는 중에 바라고 믿었습니다. 그 믿음의 뿌리는 약속의 말씀을 믿는 믿음입니다. 하나님은 그런 그의 믿음을 보시고 의롭다고 인정하셨습니다.

그 아브라함이 오늘 나와는 무슨 상관이 있습니까? 그와 우리는 믿음의 대상도 같고 믿음의 내용도 같습니다. 오늘 내가 아브라함처럼 믿으면 하나님께서 나도 의롭다고 인정하십니다. 내가 의롭다고 인정받은 것도 오직 믿음입니다. 아브라함의 믿음은 바로 '우리도' 위함이요, '나도' 위함입니다. 더 나아가, 온 세상 '만민도' 위함입니다.

우리는 어떻게 해야 합니까? 믿음으로 살아야 합니다. 우리의 상황과 말씀의 간격이 커 보입니다. 하지만 지금이야말로 우리가 믿음으로 살 때입니다. 우리는 현실 앞에서 흔들리지 말고, 바랄 수 없는 중에 바라며 믿음을 지켜야 합니다. 우리는 믿음으로 의롭다 함을 받았으니, 끝까지 믿음으로 살도록 기도합니다.

제7강
신자가 누리는 특권

◇본문 로마서 5:1−21
◇요절 로마서 5:8
◇찬송 419장, 421장

우리도 믿음의 조상 아브라함처럼 믿음으로 의롭다 하심을 받았습니다. 성도의 신분은 전적으로 믿음에 기초합니다. 그러면 성도가 누리는 특권은 무엇입니까?

첫째, 하나님과 평화(1−11)

1절을 읽읍시다. "그러므로 우리가 믿음으로 의롭다 하심을 받았으니 우리 주 예수 그리스도로 말미암아 하나님과 화평을 누리자." 에덴동산에서 아담과 하와가 죄를 지어서 하나님과 평화를 누리지 못했습니다. 관계성이 깨졌기 때문입니다. 율법을 통해 관계성을 회복하려고 했지만, 할 수 없었습니다. 그런데 하나님께서 예수님을 십자가에서 죽게 하셔서 그 죄를 용서하셨습니다. 깨진 관계성을 회복했습니다. 이로써 우리는 평화를 누립니다.

인류 역사에서 평화는 언제나 핵심 가치였습니다. 남북 북단 국가로 사는 우리 대통령은 물론이고, 세계 강대국의 대통령도 '세계 평화', '인류 평화'를 말합니다. 하지만 현실은 불안이 커집니다. 정치적 힘이나 군사적 힘, 또는 과학의 힘으로 통제할 수 없는 일이 일어나기 때문입니다. 평화는 죄를 용서받고 하나님과 바른 관계성을 맺을 때 누립니다.

평화를 누리는 우리는 또 무엇을 합니까? 우리는 믿음으로 서 있는 이 은혜에 들어감을 얻습니다(2). 이 말은 구약시대 때 대제사장이 지성소에 들어가는 데서 왔습니다. 대제사장은 1년에 한 번 짐승의 피를 가지고 지성소에 들어가서 죄 용서를 받았습니다. 하지만 이제 우리는 예수님의 피로 말미암아 언제, 어디서나 하나님께 나가서 죄 용서를 받습니다. 하나님의 영광을 바라며 즐거워합니다.

그뿐만 아니라, 우리는 무엇도 합니까? 3절과 4절을 봅시다. "다만 이뿐 아니라 우리가 환난 중에도 즐거워하나니 이는 환난은 인내를, 인내는 연단을, 연단은 소망을 이루는 줄 앎이로다." 성도에게는 평화와 은혜만 있지 않고 환난도 있습니다. 믿음으로 살기 때문입니다. 하지만 성도는 환난 중에도 즐거워합니다. 왜냐하면, 환난은 인내를, 인내는 연단을, 연단은 소망을 이루는 줄 알기 때문입니다. 성도는 환난을 어쩔 수 없이 참지 않습니다. 소망 중에 참습니다. 그 점에서 환난을 못에 비유할 수 있습니다. 망치가 못을 때리면 때릴수록 못은 더 깊이 박힙니다. 따라서 우리는 환난을 겪으면서 소망을 이룰 줄 압니다.

어떻게 압니까? 5절입니다. "소망이 우리를 부끄럽게 하지 아니함은 우리에게 주신 성령으로 말미암아 하나님의 사랑이 우리 마음에 부은 바 됨이니." 만일 우리의 소망이 이루어지지 않으면 우리는 부끄러움을 당합니다. 하지만 우리가 부끄럽지 않은 그것은 소망을 이룰 줄 알기 때문입니다. 성령님께서 우리에게 하나님의 사랑을 부으셨기 때문입니다.

그 사랑은 어떤 사랑입니까? 6절을 읽읍시다. "우리가 아직 연약할 때에 기약대로 그리스도께서 경건하지 않은 자를 위하여 죽으셨도다." 우리가 연약하다는 사실을 모르는 사람은 없습니다. 마음은 원해도 할 수 없는 일이 얼마나 많습니까? 특히 말씀 앞에서는 더 절실하게 느낍니다. 그런데 그런 연약한 우리를 위해 그리스도께서 죽으셨습니다. 세상에서 의인을 위하여 죽는 사람이 쉽지 않고, 선인을 위하여 용감히 죽는 사람이 혹 있습니다(7).

그러나 우리에게 무슨 일이 일어났습니까? 8절을 읽읍시다. "우리가 아직 죄인 되었을 때에 그리스도께서 우리를 위하여 죽으심으로 하나님께서 우리에 대한 자기의 사랑을 확증하셨느니라." 우리가 아직 죄인이었을 때 그리스도께서 우리를 위하여 죽으셨습니다. 그리하여 하나님은 우리에 대한 사랑을 확증하셨습니다.

여기서 우리는 하나님 사랑의 특성에 대해 무엇을 배울 수 있습니까? 첫째로, 하나님의 사랑은 조건 없는 사랑입니다. 하나님이 우리를 사랑하실 때 우리가 사랑받을 만한 가치가 있어서가 아닙니다. 사랑받을 만한 좋은 일을 해서도 아닙니다. 하나님이 우리를 사랑하실 때 우리는 죄인이었습니다. 하나님의 마음도 모르고 자기 마음대로 살았고, 하나님의 말씀대로 살기보다는 세상 풍조대로 살았습니다. 사실 우리는 하나님으로부터 사랑을 받을만한 이쁜 짓보다는 사랑을 받지 못할 미운 짓을 더 많이 했습니다. 그러나 하나님은 그 어떤 조건도 보지 않고 일방적으로, 은혜로, 값없이 우리를 사랑하셨습니다.

둘째로, 하나님의 사랑은 희생이 따르는 사랑입니다. 하나님은 말로만 우리를 사랑하신 것이 아닙니다. 우리를 사랑하셔서 독생자 예수님을 십자가에서 죽게 하셨습니다. 예수님께서 우리 죄를 대신 감당하심으로써 우리에 대한 사랑을 표현하셨습니다. 사랑에는 표현이 필요하고, 거기에는 희생이 따릅니다. 그 점에서 이런 말도 있습니다. "사랑은 명사이지만 동사로 읽는다."

셋째로, 하나님의 사랑은 그 사랑을 실천하도록 만듭니다. 하나님의 사랑은 십자가의 역사적 사건에 나타난 객관적 실재입니다. 동시에 그것은 성령님을 통해 우리의 마음에 부어 주신 주관적 실재입니다. 누구든지 하나님의 사랑을 영접하면 그 사랑을 실천할 수 있습니다. 자기중심에서 벗어나 하나님을 사랑하고 이웃을 사랑할 수 있습니다. 왜냐하면, 그 사랑을 체험하면 성령님이 함께하시기 때문입니다. 성령님이 함께하면 사랑의 사람으로 살 수 있습니다.

어떤 사람은 '나무가 바람을 움직인다.'라고 생각했습니다. 즉 '눈에 보이는 물질이 눈에 보이지 않는 세계를 결정한다.'라는 말입니다. 그러나 나무는 바람을 움직일 수 없습니다. 바람이 나무를 움직입니다. 진정한 힘은 물질에서 나오지 않고 성령님한테서 나옵니다. 그것이 곧 하나님의 사랑입니다. 하나님의 사랑이 세상을 움직이고, 사람을 움직입니다.

어떤 사람은 믿음의 사람을 '윈드서퍼(wind surfer)'로 비유합니다. '윈드서퍼'는 육지에서 기본기술을 익힙니다. 그다음 바다로 나갑니다. '육지'를 '교회'라고 한다면 '바다'를 '세상'이라고 할 수 있습니다. 믿음의 사람은 교회에서 기초훈련을 닦은 후 세상이라는 바다로 나가야 합니다. '윈드서퍼'가 육지훈련으로 만족해서는 안 됩니다. 육지에서의 '윈드서핑'은 아무 의미가 없습니다. 이처럼 믿음의 사람도 교회에 만족하지 않고 세상으로 나가야 합니다. 세상에 나가서 사랑을 실천해야 합니다.

우리는 '대면 예배'와 '비대면 예배' 사이에서 오랫동안 갈등하고 있습니다. 어쩌면 '비대면 예배'에 익숙해지고 있습니다. 어떤 사람은 "이 정부가 코로나 정치를 통해 교회를 박해한다."라며 볼멘소리를 합니다. 그럴 수도 있습니다. 하지만 대통령 위에 하나님이 계십니다. 하나님이 허용하지 않으면 대통령일지라도 마음대로 하지 못합니다. 우리는 성경 곳곳에서 세상 왕을 쓰셔서 당신의 구속 사역을 이루신 하나님을 배웠습니다. 그러므

로 우리는 정치 지도자와 갈등하기보다 하나님의 뜻을 찾는 일에 더 힘을
써야 합니다.

그래서 저는 이렇게 고민하며 기도합니다. '하나님께서 왜 예배를 제한
하실까?' '하나님은 우리와 교회를 사랑하지 않으시는 것인가?' 우리가 하
나님의 깊은 뜻을 다 알 수는 없습니다. 다만 한 가지 분명한 사실은, 하나
님은 우리를 어떤 상황에서도 사랑하신다는 것입니다. 예배가 제한을 받
을지라도 그 사랑에는 변함이 없습니다. 그 사랑에 변함이 없기에 우리의
소망을 이룰 줄 압니다.

그러면 우리는 무엇을 해야 합니까? 가정 사역과 개인 신앙에 집중해야
합니다. 요즘처럼 엄마 아빠와 아들딸이 오랫동안 함께 할 때는 많지 않았
습니다. 아들딸을 인격적으로 신앙적으로 도울 좋은 기회입니다. 또 그동
안 대부분은 교회를 중심으로 생활했습니다. 여러 사람과 함께해서 좋은
점도 있었지만, 자기를 돌아볼 기회가 상대적으로 부족했습니다. 하지만
홀로 있는 시간이 많아지면서 자기를 돌아볼 기회가 생겼습니다. 한 조사
에 의하면 '영적 허약 체질'이 많다고 합니다. 성도는 교회 안에서만 살지
않고 교회 밖, 세상에서 실력을 발휘해야 합니다. 지금은 영적 허약 체질
을 영적 건강 체질로 연단해야 할 때입니다. 하나님께서 언제, 어디서든지
나를 쓰고자 할 때 즉시 쓰임 받도록 실력을 키워야 합니다. 그 일의 뿌리
에는 하나님의 사랑이 있습니다. 하나님은 우리가 아직 죄인이었을 때 우
리를 사랑하셨습니다. 우리에게 그때보다 더 나쁜 상황은 없었습니다. 지
금 우리는 믿음으로 의롭다 하심을 받았기 때문입니다. 그러므로 우리는
어떤 상황에서도 하나님의 사랑을 확신합니다. 그리고 우리의 소망을 이
룰 줄 압니다.

우리는 하나님의 심판에서 구원받을 것을 어떻게 확신할 수 있습니까?
우리는 그리스도의 피로 의롭다 하심을 받았습니다. 따라서 그분을 믿음

으로 심판에서 구원받을 것을 확신합니다(9). 그뿐만 아니라, 우리는 하나님의 원수였을 때 그분 아들의 죽음으로 그분과 화해했습니다. 그렇다면 우리가 구원받을 것은 더 확실하지 않습니까? 그러므로 우리는 하나님 안에서 즐거워합니다(10-11). 그 모든 일은 그리스도를 통해 이루어졌습니다. 그 일이 어떻게 이루어졌습니까?

둘째, 죽음과 생명(12-21)

12절을 읽읍시다. "그러므로 한 사람으로 말미암아 죄가 세상에 들어오고 죄로 말미암아 사망이 들어왔나니 이와 같이 모든 사람이 죄를 지었으므로 사망이 모든 사람에게 이르렀느니라." '한 사람'은 아담을 말합니다. 아담 한 사람이 하나님의 말씀대로 살지 않아서 죄가 들어왔고, 그 죄로 죽음이 들어왔습니다. 그 결과 죽음이 모든 사람을 지배했습니다.

그러면 죄와 율법과의 관계는 어떠합니까? 죄는 율법이 있기 전에도 세상에 있었습니다. 아담과 모세 사이에는 글로 기록한 율법인 '성문법'은 존재하지 않았습니다. 하나님은 율법을 모세 때 주셨기 때문입니다. 하지만 모세 전에도, 율법이 없었을 때도 죄는 있었습니다. 다만 그때는 죄를 죄로 여기지 않았습니다(13). 글로 된 율법이 없어서 죄가 무엇인지를 정확하게 알지 못했기 때문입니다.

그러나 그 죄의 벌은 무엇입니까? 14절입니다. "그러나 아담으로부터 모세까지 아담의 범죄와 같은 죄를 짓지 아니한 자들까지도 사망이 왕 노릇 하였나니 아담은 오실 자의 모형이라." 아담부터 모세 때까지 살았던 사람은 아담이 지은 죄를 짓지 않았습니다. 아담은 하나님의 말씀을 알면서도 순종하지 않았습니다. 반면 아담과 모세 사이에 살았던 사람은 죄가 무엇인지를 몰랐습니다. 그렇다고 해서 심판을 면할 수 있는 것은 아니었습니다. 그들도 죽음의 벌을 받았습니다. 그러므로 사망은 율법을 받기 전에도 사람을 지배했습니다. 아담은 인류를 대표하기 때문입니다. 아담은 장차 오실 분의 모형입니다. '모형'이란 '원형'이라고도 하는데, '같거나 비슷한 여러 개를 만드는 본바탕'을 말합니다. 아담은 모든 사람을 대표하고 모든 사람에게 영향을 미칩니다. 그 점에서 예수님과 닮았습니다.

그러나 아담과 예수님은 어떻게 다릅니까? 15절을 읽읍시다. "그러나 이 은사는 그 범죄와 같지 아니하니 곧 한 사람의 범죄를 인하여 많은 사람이 죽었은즉 더욱 하나님의 은혜와 또한 한 사람 예수 그리스도의 은혜로 말미암은 선물은 많은 사람에게 넘쳤느니라." 그러나 '이 은사', 즉 하나님께서 주신 선물은 아담이 죄를 지었을 때 생긴 일과 같지 않습니다. 첫째 아담은 하나님께 죄를 지었고, 그 결과 많은 사람이 죽었습니다. 하지만 둘째 아담 그리스도는 하나님께 순종했습니다. 그 결과 하나님의 은혜로운 선물이 많은 사람에게 넘쳤습니다.

하나님께서 주신 그 선물은 한 사람 범죄의 결과와 같지 않습니다. 아담 한 사람의 죄 때문에 모든 사람이 정죄를 받았습니다. 그러나 하나님의 은사 때문에 많은 죄인이 의롭다 하심에 이르렀습니다(16). 아담 한 사람의 범죄 때문에 죽음이 왕 노릇 했습니다. 첫째 아담의 시대는 사망의 통치 시대였습니다. 그러나 하나님의 풍성한 은혜와 의의 선물을 받은 모든 사람은 한 분 예수 그리스도를 통해 생명을 얻었습니다. 그리스도의 시대에서는 성도가 왕 노릇을 합니다(17).

'성도가 왕 노릇을 한다.'라는 말은 무슨 뜻입니까? 사망이 왕 노릇을 했기에 생명이 왕 노릇을 한다고 말해야 할 것 같습니다. 하지만 성도가 왕 노릇을 합니다. 예수 그리스도를 믿는 모든 성도는 사망의 지배에서 벗어나 생명을 누리는 왕이 됩니다. 생명을 누리는 우리가 죽음을 지배하는 왕으로 삽니다. 그 놀라운 은총을 한 사람 예수 그리스도를 통해서 받습니다.

그러므로 우리는 어떻게 생명을 누립니까? 18절을 읽읍시다. "그런즉

한 범죄로 많은 사람이 정죄에 이른 것 같이 한 의로운 행위로 말미암아 많은 사람이 의롭다 하심을 받아 생명에 이르렀느니라." 계속해서 강조하는데, 아담 한 사람의 죄로 많은 사람이 심판을 받습니다. 아담은 단순히 한 개인이 아닙니다. 인류를 대표합니다. 따라서 그의 죄는 모든 사람을 정죄에 이르게 했습니다. 이처럼 예수님의 한 의로운 행위, 즉 십자가에서 돌아가심을 통해 많은 사람이 의롭다 하심을 받습니다. 생명을 누립니다.

그 대표성이 인류 역사에 미친 영향력은 어떠합니까? 19절입니다. "한 사람이 순종하지 아니함으로 많은 사람이 죄인 된 것같이 한 사람이 순종하심으로 많은 사람이 의인이 되리라." 아담과 그리스도를 다시 대조합니다. 아담은 순종하지 않았는데, 그 결과 많은 사람이 죄인이 되었습니다. 반면 그리스도는 순종했습니다. 그분이 십자가에서 돌아가심은 하나님께 대한 순종이었습니다. 그 결과 많은 사람이 의인이 되었습니다.

그러면 율법의 역할은 무엇입니까? 율법은 죄인을 살리려고 주신 처방이 아닙니다. 오히려 죄를 더하게 했습니다. 아담의 후손은 죄를 지을 수밖에 없는 태생적 한계에 있기 때문입니다. 율법은 그 한계를 고치기는커녕 오히려 죄를 더 날카롭게 인식하게 만듭니다. 죄를 더 폭로하는 역할을 합니다. 그런데 율법이 죄를 더 폭로하면 할수록 하나님의 은혜를 더 사모합니다. 그 죄에서 벗어나고 싶기 때문입니다. 하나님의 은혜는 아무리 큰 죄도 다 용서합니다. 죄가 아무리 큰 힘을 떨쳐도 하나님의 은혜는 그것을 압도해 버립니다. 하나님의 은혜는 죄의 세력보다 더 크고, 더 풍성합니다.

이렇게 은혜가 넘치도록 하신 목적은 무엇인가? 21절을 읽읍시다. "이는 죄가 사망 안에서 왕 노릇 한 것 같이 은혜도 또한 의로 말미암아 왕 노릇 하여 우리 주 예수 그리스도로 말미암아 영생에 이르게 하려 함이라." 죄가 죽음으로 사람을 지배한 것과 같이 은혜가 의를 통하여 사람을 지배합니다. 그리하여 예수 그리스도로 말미암아 얻는 영원한 생명에 이르게 합니다. 은혜가 왕 노릇을 하는 목적은 우리에게 영생을 주는 데 있습니다.

민음으로 의롭다 하심을 받은 우리가 누리는 특권은 무엇입니까? 평화와 생명입니다. 그 뿌리에는 하나님의 사랑이 있습니다. 우리가 그 사랑을 믿고 한 주간 동안 평화와 생명을 누리며 개인 신앙에 힘쓰기를 기도합니다.

제8강
하나님께 드리라

◇ 본문 로마서 6:1-23
◇ 요절 로마서 6:13
◇ 찬송 321장, 325장

우리는 예수 그리스도를 믿음으로 영생에 이르렀습니다. 우리의 신분이 바뀌었습니다. 신분이 바뀌면 삶의 모습도 바뀝니다. 그러면 우리는 삶의 현장에서 새 신분을 얼마나 확신합니까? 우리는 어떻게 살아야 그 신분에 맞게 사는 것입니까?

첫째, 여기라(1-11)

우리는 오직 그리스도의 은혜로 죄를 용서받고, 영생을 얻었습니다. 죄가 많은 사람일수록 은혜도 컸습니다. 그런즉 우리가 더 큰 은혜를 받으려고 죄에서 살 수 있을까요? 그럴 수 없습니다. 우리는 죄에 대해 이미 죽었기 때문입니다(1-2). 물론 우리가 죄를 전혀 짓지 않는 것은 아닙니다. 우리도 때로 유혹에 빠져 죄를 짓습니다. 하지만 우리는 죄의 지배 아래 갇혀 습관적이고 지속해서 죄를 짓는 것은 아닙니다.

우리는 언제, 어떻게 죄에 대하여 죽었습니까? 3절을 읽읍시다. "무릇 그리스도 예수와 합하여 세례를 받은 우리는 그의 죽으심과 합하여 세례를 받은 줄을 알지 못하느냐." '세례'는 물속에 들어가거나, 머리에 물을 뿌리는 의식입니다. '합하여'라는 말은 '안으로'라는 뜻인데, 세례받는 사람이 그리스도 안으로 들어가는 것을 말합니다. 그러므로 예수님을 믿고 세례를 받으면 그분의 죽으심 안으로 들어가는 것입니다. 따라서 그분이 십자가에서 죽으실 때 우리도 함께 죽었습니다. 우리를 지배했던 죄도 그분과 함께 장사했습니다. 그리하여 우리는 새 생명 가운데서 삽니다(4). 이제는 죄와 상관없이 하나님 안에서 삽니다.

그 삶이 그리스도의 부활과는 어떤 연관이 있습니까? 5절을 읽읍시다. "만일 우리가 그의 죽으심과 같은 모양으로 연합한 자가 되었으면 또한 그의 부활과 같은 모양으로 연합한 자도 되리라." 우리는 그분의 죽으심은 물론이고 부활에도 같은 모습으로 연합했습니다. 우리는 그리스도의 죽음에 참여했듯이 부활에도 참여했습니다.

우리가 십자가와 연합한 데는 무슨 뜻이 있습니까? 그것은 우리가 다시는 죄에 종노릇하지 않도록 함이었습니다(6). 죄의 지배를 받던 인간은 십자가를 통해 결정적인 전환을 맞았습니다. 죄인의 시대는 그리스도 안에서 끝났습니다. 불신자는 죄를 섬기지 않을 자유가 없습니다. 그러나 신자는 죄에 종노릇 하는 데서 해방했습니다. 어떤 특정한 죄를 지을 수는 있지만, 죄의 지배 아래서 계속해서 죄를 짓는 일을 더는 하지 않습니다. 왜냐하면, 우리는 죄에서 벗어나 의롭다 하심을 얻었기 때문입니다. 우리가 그리스도와 함께 죽었으면, 그와 함께 살아날 것도 믿습니다(7-8). 그리스도의 죽음과 부활을 분리할 수 없기 때문입니다. 그리스도와 함께 죽은 자는 또한 그리스도와 함께 삽니다.

그 이유가 무엇입니까? 9절입니다. "이는 그리스도께서 죽은 자 가운데서 살아나셨으매 다시 죽지 아니하시고 사망이 다시 그를 주장하지 못할 줄을 앎이로라." 그리스도는 하나님의 능력으로 죄와 사망의 지배를 깨뜨리고 정복하셨습니다. 주권을 가진 분은 사망이 아니라 예수 그리스도이십니다. 죄가 지배하는 최종적 결과는 죽음입니다. 그러나 그 죽음은 그리스도의 죽음과 부활을 통해 그 주권을 잃었습니다. 그러므로 그리스도와 함께 죽고 함께 살아난 우리는 사망의 지배를 받지 않습니다. 우리는 이 사실을 알아야 합니다.

어떻게 이런 일이 가능합니까? 10절입니다. "그가 죽으심은 죄에 대하여 단번에 죽으심이요 그가 살아 계심은 하나님께 대하여 살아 계심이니." 그리스도의 죽으심은 죄에 대하여 단번에 영원한 효력을 가집니다. 그리스도는 그 몸을 십자가에서 한 번 제물로 드림으로 영원한 속죄를 완성하셨습니다(히 9:11). 그리고 그분이 사시는 생명은 끝이 없습니다.

이 사실이 우리에게 주는 의미는 무엇입니까? 11절을 읽읍시다. "이와 같이 너희도 너희 자신을 죄에 대하여는 죽은 자요 그리스도 예수 안에서 하나님께 대하여는 살아 있는 자로 여길지어다." 예수님의 새 생명은 그분께만 관련된 개인적인 일이 아닙니다. 예수님의 죽음과 부활은 성도의 삶에 결정적인 '패러다임 전환'을 가져왔습니다. 부활하신 그리스도는 새 인류의 전형이기 때문입니다.

그러므로 우리는 자신에 대해서 어떻게 생각해야 합니까? "살아 있는 자로 여길지어다." '여기라'는 말은 강한 확신, 즉 '반드시 그렇게 생각해야 한다.'라는 뜻입니다. '죄에 대해서 죽지 않았는데 죽은 것처럼 여기라.'는 말이 아닙니다. 죄에 대한 성도의 죽음은 상징적인 사건이 아닙니다. 하나님 안에서 실제 일어나고 확정한 사건입니다. 따라서 우리는 죄에 대하여는 죽은 사람이고 하나님께 대하여는 살아 있는 사람으로 반드시 그렇게 생각해야 합니다. 감정이나 가설로 생각하는 것이 아닙니다. 삶의 현장에서 인격적으로 받아들이는 것입니다. 자기 정체성으로 인식하고 그렇게 사는 것입니다.

어떤 사람은 요즘 한국교회를 보면서 '기독교 혐오의 시대'라고 말합니다. 일부 언론은 '기독교인은 비과학적인 음모론을 퍼뜨리는 수구 세력으로' 여깁니다. 나름으로 최선을 다한 대부분 교회는 그 억울함을 호소할 길도 없습니다. 이런 현실에서 우리의 정체성, 존재감을 지키는 일이 쉽지 않습니다. 하지만 이때야말로 우리의 정체성, 존재감을 더욱 굳게 할 때가 아닐까요? "죄에 대하여는 죽은 자요 하나님께 대하여는 살아 있는 자로 여길지어다." 신분에 대한 확신은 삶으로 이어집니다. 우리는 어떻게 살아야 합니까?

둘째, 드리라(12-23)

12절을 봅시다. "그러므로 너희는 죄가 너희 죽을 몸을 지배하지 못하게 하여 몸의 사욕에 순종하지 말고," 우리는 몸의 욕심을 따라 살지 않아야 합니다. 몸의 사욕은 무엇일까요? 하나님의 뜻을 거스른 인간의 본성입니다. 더 가지려는 마음입니다. 절제하지 못하는 욕망입니다. 하나님의 아들딸은 이런 욕망을 절제할 수 있어야 합니다.

우리는 어떻게 그렇게 살 수 있습니까? 13절을 읽읍시다. "또한 너희 지체를 불의의 무기로 죄에게 내주지 말고 오직 너희 자신을 죽은 자 가운데서 다시 살아난 자 같이 하나님께 드리며 너희 지체를 의의 무기로 하나님께 드리라." '불의의 무기'란 '불의를 목적으로 삼는 무기'를 뜻합니다. 즉 하나님께서 원하시는 삶이 아닌 육신의 사욕이 원하는 삶을 사는 것을 말합니다. '의의 무기'는 의를 행하는 무기나 도구를 말합니다. 즉 하나님께서 바라는 삶을 말합니다.

왜 우리 지체를 무기라고 말할까요? 삶의 현장을 전투로 생각한 것입니다. 우리는 사탄과 싸우는 존재입니다. 이 싸움에서 우리의 몸은 무기입니다. 그 무기를 가지고 누구와 어떻게 싸우느냐가 중요합니다. 한편 '무기'를

'도구'로 생각할 수 있습니다. 도구는 사용하는 사람에 따라 그 결과가 다릅니다. 칼을 부엌에서 사용할 때와 흉기로 사용할 때는 그 결과가 다릅니다. 이처럼 우리 몸도 누가 사용하느냐에 따라서 그 열매가 완전 다릅니다.

우리는 내 지체를 어떻게 사용해야 합니까? "하나님께 드리라." 11절에서 "여기라"고 했습니다. 그것을 '인식 동사'라고 합니다. 그런데 12절에서 "드리라"라는 '행위 동사'로 바꿨습니다. 참된 인식은 바른 행동의 근거입니다. 바른 행동은 참된 인식에서 나옵니다. 우리는 이제 죽은 사람들 가운데서 살아난 사람답게 그 지체를 의의 도구로 하나님께 드려야 합니다. 성도의 '신분(Being)'과 '삶(Doing)'을 분리할 수 없습니다. 누군가가 죄를 습관적으로 지으면 그는 하나님 앞에서 죽어 있는 사람입니다. 반면 하나님의 뜻에 순종하는 사람은 생명을 지닌 하나님의 아들딸입니다. 내적인 생명은 외적인 순종으로 나타나기 때문입니다.

이 사실을 오늘 우리에게 어떻게 적용할 수 있습니까? 오늘 우리는 죄의 지배를 받던 옛사람에 대해 '죽었던' 존재입니다. 하지만 죄를 주인으로 섬길 것인가 아니면 하나님을 주인으로 섬길 것인가, 즉 우리의 지체를 '불의의 무기'로 드릴 것인가 아니면 '의의 무기'로 드릴 것인가의 갈림길에 있습니다. 그런데 영적 전투에서 중립 지대는 없습니다. 하나님께 속하든지 아니면 죄에 속해야 합니다. 내 삶을 죄에 내주든지, 하나님께 드려야 합니다.

교회의 생명력, 영향력은 어디에서 옵니까? 낮아짐과 비움입니다. 우리는 그것을 '헌신', 또는 '드림'이라고 부릅니다. 예수님께서 세상에 오셔서 하신 가장 중요한 일이 바로 '낮아짐'과 '비움', 즉 '드림'이었습니다. 과거 우리 교회가 세상으로부터 인정받고, 세상에 영향력을 끼칠 수 있었던 핵심 중 하나가 바로 '드림'입니다. 오늘 교회가 어려움에 부닥친 이유 중 하나를 들라면 바로 '드림'이 부족한 데 있습니다. '드림'은 나를 살리고, 교회를 살리고, 세상을 살리는 출발점입니다.

그 드림, '하나님께 드리라'라는 말은 구체적으로 무엇입니까? 내 삶의 우선순위를 하나님께 두는 것입니다. 그 첫째가 마음입니다. 내 마음의 첫 자리를 언제나 하나님께 두는 것, 그것이 하나님께 드리는 삶입니다. 그러면 시간과 물질과 모든 것을 첫 자리에 둘 수 있습니다. 그것을 '삶의 예배'라고 부릅니다. 오늘 우리가 겉만 보면 주님께 드릴 만한 일이 없는 것처럼 보입니다. 하지만 우리가 개인 신앙을 견고히 하며 때를 기다릴 수 있습니다. 허약한 영적 체질을 건강하게 할 수 있습니다. 우리가 어디에서 무엇을 하든지 주님께 마음을 드린다면, 그것이 오늘 우리가 하나님께 드리는 삶이 아닐까요? 우리가 나를 낮추고 비우고, 드림을 통해 삶의 예배가 살아나기를 바랍니다. 그리하여 교회가 세상에서 소금과 빛으로 살기를 소망합니다.

우리가 하나님께 드리는 삶을 살 때 따르는 복은 무엇입니까? 14절입니다. "죄가 너희를 주장하지 못하리니 이는 너희가 법 아래에 있지 아니하고 은혜 아래에 있음이라." 죄가 우리를 다스릴 수 없습니다. 죄가 우리의 주인이 되어서 우리의 삶을 지배하는 일이 더는 없습니다. 왜냐하면, 우리가 율법 아래 있지 않고 은혜 아래 있기 때문입니다. 그러므로 우리는 더는 죄를 지을 수 없습니다(15). 우리는 죄가 지배하는 사망의 질서에서 은혜가 지배하는 생명의 질서로 옮겼기 때문입니다. 즉 '존재 질서의 변화', '주권 영역의 변화'를 경험했기 때문입니다.

그러므로 우리는 무엇을 알아야 합니까? 16절입니다. "너희 자신을 종으로 내주어 누구에게 순종하든지 그 순종함을 받는 자의 종이 되는 줄을 너희가 알지 못하느냐 혹은 죄의 종으로 사망에 이르고 혹은 순종의 종으로 의에 이르느니라." 종의 특징은 주인에게 순종하는 것입니다. 옛 시대에서 사람은 죄에 순종했습니다. 하지만 새 시대에서 사람은 하나님께 순

로마서 **복음과 삶**

종합니다. 우리가 순종하는 대상이 바뀌었습니다. 그런데 어떤 종도 두 주인에게 동시에 순종할 수 없습니다. 죄에 순종하든지, 하나님께 순종하든지 해야 합니다. 그 결과는 어떠합니까? 우리가 죄를 주인으로 모시면 사망에 이릅니다. 하지만 그리스도를 주인으로 모시면 의에 이릅니다. 하나님과 바른 관계성을 맺고, 하나님의 아들딸로 삽니다.

사도는 왜 하나님께 감사합니까? 17절입니다. "하나님께 감사하리로다 너희가 본래 죄의 종이더니 너희에게 전하여 준 바 교훈의 본을 마음으로 순종하여." 바울이 감사한 것은 로마교회가 섬김의 대상을 바꿨기 때문입니다. 그들이 그렇게 할 수 있었던 것은 그들 자신이 결단한 것이기도 하지만, 하나님께서 그렇게 하도록 도와주셨기 때문입니다. 과거에 그들은 죄의 종이었는데, 지금은 교훈의 본, 즉 '가르침의 표준'에 순종합니다. 그들은 복음에 순종했습니다

그들이 복음에 순종한 결과는 무엇입니까? 죄에서 해방하여 의의 종이 되었습니다(18). 그들은 새 주인을 섬기며 그분께 순종합니다. 그들은 하나님과 새로운 관계를 맺으며 자유를 즐깁니다.

그는 이 사실을 어떻게 다시 설명합니까? 육신이 약하여, 즉 사람은 영적인 세계에 대한 이해력이 약합니다. 따라서 일상생활에서 사람이 하는 말로 설명합니다. 전에는 자기 지체를 더러움과 불법의 종으로 내맡겼습니다. 하지만 이제는 그들의 지체를 의의 종으로 바쳐서 거룩함에 이르도록 해야 합니다. 그들이 과거에 죄의 종이었을 때는 의에 대하여 자유로웠습니다(19-20). 사람이 죄의 지배를 받으면 의의 지배와는 상관없이 삽니다.

그러면 그때는 무슨 열매를 맺었습니까? 21절입니다. "너희가 그 때에 무슨 열매를 얻었느냐 이제는 너희가 그 일을 부끄러워하나니 이는 그 마지막이 사망임이라." 지금 과거를 생각하면 부끄럽습니다. 왜냐하면, 그때

맺은 열매는 사망이었기 때문입니다. 사망은 죄가 지배하는 최종적 결과입니다. 하나님을 떠나 있는 상태가 이미 죽음을 뜻합니다.

그러나 이제는 어떻게 바뀌었습니까? 22절을 읽읍시다. "그러나 이제는 너희가 죄로부터 해방되고 하나님께 종이 되어 거룩함에 이르는 열매를 맺었으니 그 마지막은 영생이라." 이제는 죄에서 해방을 받고 하나님의 종이 되었습니다. 하나님을 새 주인으로 섬깁니다. 그리하여 거룩함에 이르는 열매를 맺었습니다. 그 최종적 결과는 영생입니다. 성도의 거룩한 삶은 영생으로 인도합니다.

어떻게 이런 열매를 맺습니까? 23절도 읽읍시다. "죄의 삯은 사망이요 하나님의 은사는 그리스도 예수 우리 주 안에 있는 영생이니라." '삯'은 군인의 생계 보조를 위해 지급하는 봉급이나 일꾼이 노동의 대가로 받는 품삯을 말합니다. 불신자가 죄의 지배 아래 종노릇을 하는 삶의 대가나 그 벌로 받는 것은 사망입니다. '하나님의 은사'는 하나님께서 당신을 새 주인으로 섬기는 자에게 주시는 은혜의 선물입니다. 선물은 보통 상대방이 뭔가를 잘해야 줍니다. 하지만 하나님은 선물을 일방적으로, 값없이 주십니다. 그래서 그 선물의 가치는 더욱 귀합니다.

그 선물은 무엇입니까? 영생입니다. 죽음은 죄에 대한 대가입니다. 즉 자기 삶에 대한 벌입니다. 하지만 영생은 일한 대가로 받는 보상이 아닙니다. 우리가 자신을 하나님께 드려서 그 대가로 받는 것이 아닙니다. 우리는 하나님 안에서 새 생명을 얻은 자가 되어서 하나님께 드리는 삶을 살 뿐입니다. 그런 우리에게 하나님께서 영생을 선물로 주십니다. 그래서 영생은 오직 은혜입니다.

그러면 오늘 우리는 어떻게 살아야 합니까? 삶은 정체성에 대한 인식에서부터 시작합니다. '여기라.' 즉 '우리는 누구인가?'를 인식해야 합니다. 우리는 믿음으로 의롭다 함을 받은 하나님의 아들딸입니다. 그러므로 우리는 그 신분에 맞는 삶을 살아야 합니다. 그 삶의 핵심은 '드리라'입니다. 이기적이고 자기중심적인 세상에서 과연 이렇게 살 수 있을까요? '드리라' 라는 역설의 진리를 알면 살 수 있습니다. 사람이 하나님께 드리지 않고 다른 것에 드리는 것은 자기를 잃어버리지 않고자 함입니다. 그런데 하나님 외에 다른 것에 드리는 것은 죄에 드리는 것입니다. 죄에 드리면 그 대가는 죽음입니다. 하지만 하나님께 드리면 그 열매는 영생입니다. 우리의 마음, 시간, 그리고 물질을 누구에게 드려야 합니까?

제9강
누가 나를 건져내랴

◇ 본문 로마서 7:1-25
◇ 요절 로마서 7:24
◇ 찬송 538장, 539장

우리가 예수님을 믿기 전에는 물론이고, 믿은 후에도 내가 원하는 바보다는 원하지 않는 일을 할 때가 있습니다. 그것은 내가 문제여서라기보다는 모든 사람의 태생적 한계 때문입니다. 그 점에서 볼 때 사람은 본질에서 참 딱한 존재입니다. 그 딱함에서 벗어날 길은 무엇입니까?

첫째, 영의 새로운 것으로 섬길 것이요(1-13)

1절을 봅시다. "형제들아 내가 법 아는 자들에게 말하노니 너희는 그 법이 사람이 살 동안만 그를 주관하는 줄 알지 못하느냐." 사도는 율법을 아는 사람, 즉 유대인 출신 성도는 물론이고 이방인 출신 성도에게도 말합니다. 율법은 사람이 살아 있을 때만 지배합니다. 사람이 죽으면 율법에서 벗어납니다. 얼마 전 한 시장의 비서가 "시장에게 성추행당한 적이 있다."라며 고소했지만, 그 시장이 사망함에 따라 '공소권 없음'으로 수사를 끝냈습니다. 법은 사람이 죽으면 그 어떤 효력도 없기 때문입니다.

그 예를 믿음의 세계에는 어떻게 적용할 수 있습니까? 한 자매가 '율법

형제'에게 결혼하면, 그 아내는 남편이 살아 있을 때는 남편에게 매입니다. 하지만 남편이 죽으면 남편의 법에서 벗어납니다. 만일 그 남편이 살아 있을 때 아내가 다른 남자와 부적절한 관계를 맺으면 음녀입니다. 하지만 그 남편이 죽으면 다른 남자와 사귀어도 자유롭습니다. 부부의 법은 남편이 살아 있을 때만 그 효력이 있기 때문입니다(2-3).

그 원리를 로마 성도에게는 어떻게 적용합니까? 4절을 읽읍시다. "그러므로 내 형제들아 너희도 그리스도의 몸으로 말미암아 율법에 대하여 죽임을 당하였으니 이는 다른 이 곧 죽은 자 가운데서 살아나신 이에게 가서 우리가 하나님을 위하여 열매를 맺게 하려 함이라." 로마 성도도 그리스도의 몸으로 말미암아 율법에 대해서 죽었습니다. 예수님께서 십자가에서 죽으실 때 성도도 율법에 대해 죽었습니다. 그리고 그리스도는 살아나셨습니다. 성도는 이제 그 그리스도께 갈 수 있습니다. 남편이 죽으면 아내가 그의 법에서 벗어나 다른 사람에게 갈 수 있는 것처럼, 성도는 살아나신 그리스도를 새 남편으로 맞을 수 있습니다. 그리하여 그리스도의 신부로서 열매를 맺습니다.

과거에는 무슨 열매를 맺었습니까? 우리가 육신에 있을 때는 율법으로 말미암는 죄의 정욕이 우리 몸에서 작용했습니다. 그리하여 사람을 사망에 이르게 했습니다(5).

그러나 이제는 어떻게 바뀌었습니까? 6절을 읽읍시다. "이제는 우리가 얽매였던 것에 대하여 죽었으므로 율법에서 벗어났으니 이러므로 우리가 영의 새로운 것으로 섬길 것이요 율법 조문의 묵은 것으로 아니할지니라." 우리가 이제는 얽매였던 것, 즉 죄와 율법에 대하여 죽었습니다. 그 결과 우리는 영의 새로운 것으로 섬기고 율법 조문의 묵은 것으로 섬기지 않습니다. 옛 시대에는 율법을 글자 수준에서 좁고 피상적으로 이해했습니다. 그러나 새 시대는 성령님을 통해 율법을 심층적 차원에서 이해합니다. 이제는 문자에 불과한 율법 아래서 섬기던 삶에서 성령님의 능력 아래서 섬기는 삶으로 섬김의 형태가 바뀌었습니다.

이런 모습을 다시 부부 사이로 비유할 수 있습니다. 율법 시대에는 아내가 깐깐하고 쫀쫀한 남편과 살았다면, 성령님 시대에는 온유하고 사랑이 가득한 남편과 사는 것입니다. 어떤 남편과 사는 아내가 더 행복할까요? 남편을 더 잘 섬길까요? 말할 것도 없이 남편의 사랑 속에서 사는 아내입니다. 남편이 아내를 사랑하면 아내도 남편을 사랑하고 신나서 섬기기 때문입니다.

이 말씀이 오늘 우리에게 주는 의미는 무엇입니까? 우리가 믿음의 길을 가면서 율법 시대의 아내처럼 삽니까? 아니면 성령님의 은혜 시대의 아내처럼 삽니까? 우리는 이 어려운 시기에 영적 허약 체질을 강건하게 하는 개인 신앙에 힘쓰기를 바라고 있습니다. 마음껏 예배할 그 날을 기다리고 있습니다. 이런 삶을 살 힘은 어디에서 옵니까? 율법이 아닌 은혜입니다. 강압이 아닌 사랑입니다. 사랑의 힘은 의지보다 힘이 있고, 강압보다 강합니다.

그러면 우리는 무슨 말을 할 수 있습니까? "율법이 죄인가?"라고 물을 수 있습니다. 율법은 죄악 된 정욕을 일으키는 계기를 제공하기 때문입니다(5). 성도는 율법의 속박에서 벗어났기 때문입니다(6). 그럴지라도 율법은 죄가 아닙니다. 왜냐하면, 율법이 없으면 사람은 죄가 무엇인지 모르기 때문입니다. 죄에 대한 인식은 율법을 통해 옵니다. 율법은 사람에게 그들이 마음대로 사는 것이 하나님을 거역하는 행위임을 깨우칩니다(7).

예를 들면 무엇이 있습니까? "네 이웃의 집을 탐내지 말라"(출 20:17a). 율법에 이 계명이 없었다면 우리는 탐심이 죄인 줄 몰랐을 것입니다. 율법은 우리를 비추는 거울입니다. 거울 앞에 서면 자기 얼굴을 정확하게 볼 수 있습니다. 그러나 죄는 나를 속이기 위해서 기회를 노리는 하나의 세력입니다. 뱀은 에덴동산에서 아담을 속이기 위해서 기회를 노렸습니다. 뱀은 계명을 통해 아담을 공격했습니다(창 2:1-5). 이처럼 죄도 율법을 통해 기회를 찾아 우리를 공격합니다. 죄는 내 속에 온갖 탐심을 만듭니다. 율법이 있으니 죄를 깨닫기 때문입니다. 따라서 율법이 없으면 죄가 죽은 것입니다(8). 율법이 없으면 죄는 힘을 잃어버립니다.

그러므로 전에 율법을 깨닫지 못했을 때는 내가 살았습니다. 성경을 몰랐을 때는 자기 잘난 맛에 살았습니다. 하지만 계명이 이르면 죄는 살아나고 나는 죽습니다(9). 우리가 성경을 바르게 공부하면 할수록 내가 죄인임을 깨닫지 않습니까? 그 점에서 생명에 이르게 할 그 계명이 내게 대하여 도리어 사망에 이르게 합니다. 죄가 기회를 타서 계명으로 말미암아 나를 속이고 그것으로 나를 죽였습니다(10-11). 하나님께서 아담에게 말씀하셨습니다. "선악을 알게 하는 나무의 열매는 먹지 말라 네가 먹는 날에는 반드시 죽으리라 하시니라"(창 2:17). 그런데 뱀은 그 계명을 이용하여 하나님께 불순종하도록 충동질했습니다. 율법은 좋은 것인데, 죄가 그 율법을 이용하여 아담을 공격한 것입니다. 죄는 계명이 없었을 때는 사람을 죽음에 이르게 할 기회를 찾지 못했습니다. 그러나 계명을 이용하여 사람을 속이고 죄를 짓게 하여 사망에 이르게 했습니다.

이로 보건대 율법은 어떤 것입니까? 12절을 읽읍시다. "이로 보건대 율법은 거룩하고 계명도 거룩하고 의로우며 선하도다." 죄가 비록 율법을 수단으로 삼아 사람을 죽이기는 했지만, 율법 자체는 거룩합니다. 율법은 거룩하신 하나님을 본받아 거룩한 백성으로 살라고 주신 삶의 규범입니다. 율법은 하나님의 백성이 하나님과 어떤 관계에 있으며, 어떻게 살아야 하는가를 가르칩니다. 그러므로 율법은 모든 사람에게 유익합니다. 모든 사람이 받을 만한 보편적 가치가 있습니다.

그런즉 그 선한 율법이 내게 사망이 되었습니까? 그럴 수 없습니다. 오직 죄가 죄로 드러나기 위하여 선한 그것으로 말미암아 나를 죽게 했습니다. 율법은 죄의 정체성을 드러냅니다. 누구나 죄에 대해서 알 수 있도록 개념을 규정하고 죄의 성격을 폭로합니다. 그래서 그것을 어긴 사람은 죽게 만드는 수단입니다. 죄가 율법을 수단으로 삼아 사망에 이르게 합니다(13).

여기서 볼 때 사도 바울이 율법의 부정적 기능과 역할에 대해서 강조하는 이유는 무엇입니까? 율법 자체의 선하고 의로움을 평가절하하려는 것이 아닙니다. 그는 율법 앞에 선 인간의 태생적 한계를 지적하고, 동시에 복음으로만 구원받음을 강조하고자 합니다. 율법은 죄를 치유하는 처방이 아닙니다. 우리가 율법으로 구원받지 못하고 오히려 사망에 이를 수밖에 없는 이유는 율법이 문제여서가 아니라 내가 문제이기 때문입니다. 나는 율법을 지킬 수 없는 존재입니다. 그런 나의 실존이 어떠합니까?

둘째, 한 법을 깨달았노니(14-25)

14절을 봅시다. "우리가 율법은 신령한 줄 알거니와 나는 육신에 속하여 죄 아래에 팔렸도다." 율법은 영적인데, 실제 나는 육신에 속하여 죄 아래 팔렸습니다. 우리는 율법대로 살지 못하고 죄를 주인으로 섬깁니다.

죄를 주인으로 섬기는 모습은 어떠합니까? 내가 행하는 것을 내가 알지 못합니다. 곧 내가 원하는 것은 행하지 않고 도리어 미워하는 것을 행합니다(15). 우리는 의지와 행위 사이에서 갈등합니다. 나는 율법이 요구하는 선을 행하기를 원했습니다. 하지만 내가 미워하는 악을 행합니다. 만일 내가 원하지 않는 일을 하면서 그것을 해서는 안 되겠다고 생각한다면, 그것은 율법이 선하다는 사실에 동의하는 것입니다. 원하는 것을 해야 하는데, 원하지 않은 것을 하는 것이 어떻게 율법이 선하다는 것을 시인하는 것일까요? 율법의 역할을 인정하기 때문입니다.

그러면 나는 왜 원하지 않는 일을 합니까? 17절을 읽읍시다. "이제는 그것을 행하는 자가 내가 아니요 내 속에 거하는 죄니라." 그와 같은 일을 하는 것은 내가 아니라, 내 속에 있는 죄입니다. 율법의 선한 것을 시인하고 그것을 행하기를 원하는 '나'를 '참 나'로 간주합니다. 반면 율법이 금지하는 것을 행하는 '다른 나'가 있습니다. 인간 실존에는 또 다른 '배우 (actor)', 즉 원하는 그것을 행하려 할 때 하지 못하게 만드는 '다른 요인'이 있습니다. 그 '다른 나', '다른 요인'이 죄입니다. 죄는 인간 밖에서 작용하는 세력이 아닙니다. 인간 존재 속에 있는 어떤 세력입니다. 그런데 보통 사람은 '다른 나'를 죄로 보지 않습니다. '다중 인격'으로 봅니다. 하지만 성경은 그것을 죄라고 선언합니다.

이렇게 선언하는 이유가 무엇입니까? 나는 내 육신에 선한 것이 있지 않음을 알기 때문입니다. 원함은 내게 있으나 선을 행하는 것은 없습니다(18). 나는 선을 행하려는 의지는 있으나 그것을 실행하지 못합니다. 나는 선을 원하는 의지와 악을 행하는 의지 사이에서 심각한 자아분열을 경험합니다. 자신의 자아가 시인하는 선을 행할 수 없는 절망적 무능 상태에 빠집니다. 선한 의지와 악한 의지의 싸움에서 승리하는 쪽은 악한 의지입니다. 내가 원하는 바 선은 행하지 않고, 도리어 원하지 아니하는 악을 행하기 때문입니다(19).

왜 이런 일이 일어납니까? 20절을 읽읍시다. "만일 내가 원하지 아니하는 그것을 하면 이를 행하는 자는 내가 아니요 내 속에 거하는 죄니라." 선한 의지와 악한 의지의 싸움에서 지는 이유는 내 안에 있는 죄 때문입니다. 죄는 내 의지를 거슬러 억제하며 압도하는 하나의 세력입니다. 죄는 막연한 추상적 개념이 아니라, 아주 구체적인 힘입니다.

그러므로 그는 무엇을 깨닫습니까? 21절을 읽읍시다. "그러므로 내가 한 법을 깨달았노니 곧 선을 행하기 원하는 나에게 악이 함께 있는 것이로다." 그는 한 원리를 깨달았습니다. 그것은 선을 행하기 원하는 나에게 악이 함께 있는 것입니다. 내 속사람으로는 하나님의 법을 즐거워합니다 (22). 대부분 사람은 하나님의 법, 즉 율법을 통해 선악을 분별하고 즐거워하는 마음이 있습니다. 하지만 죄의 세력에게 붙잡혀 율법이 요구하는 선을 행할 수 없는 실존적 딜레마가 있습니다. 속사람은 율법을 즐거워하지만, 그것을 순종하는 일은 별개의 문제입니다.

율법을 즐거워하면서도 그것을 순종할 수 없는 이유는 무엇입니까? 23절입니다. "내 지체 속에서 한 다른 법이 내 마음의 법과 싸워 내 지체 속에 있는 죄의 법으로 나를 사로잡는 것을 보는도다." 내 안에서는 자주 두 개의 세력이 싸웁니다. 그때 누가 이깁니까? 죄의 법이 나를 사로잡습니다. 즉 죄가 이깁니다.

그때 나는 무엇을 합니까? 24절을 읽읍시다. "오호라 나는 곤고한 사람이로다 이 사망의 몸에서 누가 나를 건져내랴." '곤고하다'라는 말은 '비참하다', '딱하다'라는 뜻입니다. 기본적 의미는 육체나 정신, 또는 환경이든 간에 비참하고 곤궁한 상태를 합니다. 그가 지금 비참한 것은 죽음에 처했기 때문입니다. 그러나 더 심각한 문제는 그 죽음에서 빠져나올 희망이 없기 때문입니다. 인류 최대의 절망은 무엇입니까? 죽음입니다. 그 죽음에서 벗어날 수 없음입니다.

여기서 볼 때 '나의 실존'이 어떠합니까? 초보운전 때가 생각납니다. 우리가 그때는 내가 차를 '운전한다기보다'는 차를 억지로 '끌고 다녔습니다.' 특히 주차할 때면 왼쪽으로 가려는데 차는 오른쪽으로 갑니다. 옆에서 누군가가 안타까운 마음으로 말해도, 그 말대로 할 수 없는 자신이 안타까웠습니다. 그것은 누구나 거쳐야 하는 '초보운전자'의 태생적 한계입니다.

이처럼 사람도 어떤 시기에서는 '초보운전자'처럼 태생적 한계가 있습니다. 그 한계를 적나라하게 드러내는 것이 죄입니다. 따라서 사람 안에 있는 죄를 인정하느냐, 인정하지 않느냐의 문제는 사람을 이해하는 핵심 요소입니다. 죄를 인정하고, 그 죄에 기초하여 사람을 볼 때 성경적 인간 관을 가질 수 있습니다. 나를 성경적 인간관으로 이해하지 못하면 나를 정확하게 알지 못합니다. 정확한 진단 없이는 정확한 치료도 없습니다.

그러면 '나'는 누구를 말합니까? 일차적으로 바울 사도입니다. 동시에 로마 성도입니다. 어느 때의 바울이며, 성도입니까? 예수님을 믿기 전입니까? 아니면 믿은 후입니까? 오늘 말씀은 7절부터 13절에서는 과거시제 동사를 썼습니다. 14절에서는 현재시제의 동사를 씁니다. 시제의 변화는 '믿음으로 의롭다 하심'을 받기 전과 받은 후의 상황 사이에 불연속성 (discontinuity)이 있음을 뜻합니다. 동시에 연속성(continuity)도 있음을 뜻합니다. 그러므로 여기서 '나'는 믿음으로 의롭다 하심을 받기 전의 상태를 말하면서 동시에 그 후의 상태도 말합니다. 율법 아래 있는 보편적 인류의 실존적 상황을 생생하게 그리면서 동시에 성도의 상황도 부분적으로 나타냅니다. 성도조차도 아직은 이 땅에서 사는 보편적 사람이기 때문입니다. 성도는 '이미' 의롭다 하심을 받았지만, '아직'은 하나님 나라에 완전히 들어가지 않았습니다. 우리는 그것을 "종말론적 긴장 속에서 산다." 라고 말합니다. 이런 인간 이해에서 "나는 곤고한 사람이다."라고 탄식합니다.

그러면 누가, 어떻게 그 곤고함에서 건져 낼 수 있습니까? 25절을 읽읍시다. "우리 주 예수 그리스도로 말미암아 하나님께 감사하리로다 그런즉 내 자신이 마음으로는 하나님의 법을 육신으로는 죄의 법을 섬기노라." 우리는 하나님께 감사합니다. 왜냐하면, 예수 그리스도를 통하여 우리를 곤고함에서 건져 주셨기 때문입니다. 우리는 마음으로는 하나님의 법을 섬기지만, 육신으로는 죄의 법을 섬깁니다. 이런 나의 실존에서 건져 주실 분은 오직 예수님뿐입니다. 그래서 인류의 희망은 물론이고, 교회와 나 개인의 희망도 오직 예수님께만 있습니다.

우리를 돌아보면, 예수님을 믿지 않을 때는 물론이고 믿은 후에도 자주 갈등합니다. 내가 원하는 대로 할 수 없기 때문입니다. 내 안에 있는 죄 때문입니다. 우리는 내 실존을 인정하고 예수님께 고백해야 합니다. 그러면 예수님께서 나를 건져 주십니다. 우리가 원하는 바대로 사는 성숙한 목자로 자라기를 기도합니다.

제10강
영의 생각

◇ 본문 로마서 8:1-17
◇ 요절 로마서 8:6
◇ 찬송 191장, 197장

그 유명한 셰익스피어(William Shakespeare)가 이런 말을 했다고 합니다. "생각은 자유다. 그러나 말과 행동에는 반드시 책임이 따른다." 우리는 무슨 생각이든 자유롭게 할 수 있지만, 그 생각이 생각으로 그치지 않고 말과 행동으로 나타납니다. 말과 행동은 책임이 따르고 삶의 열매를 결정합니다. 따라서 "생각은 자유다."라고 해서 함부로 생각할 수 없습니다. 우리는 무슨 생각을 해야 합니까?

1절을 봅시다. "그러므로 이제 그리스도 예수 안에 있는 자에게는 결코 정죄함이 없나니." 그리스도께서 우리를 사망의 몸에서 건져내셨습니다(7:24-25). 그러나 우리는 현실에서 부끄러운 일을 할 때가 있습니다. 그 부끄러운 일을 아는 사람이 없어도 정죄에 시달릴 때가 있습니다. 하지만 그것은 잘못입니다. 우리는 더는 정죄 받지 않습니다.

그 이유는 무엇입니까? 2절을 읽읍시다. "이는 그리스도 예수 안에 있는 생명의 성령의 법이 죄와 사망의 법에서 너를 해방하였음이라." '법'은 '원칙'이나 '세력'을 뜻합니다. 옛적에는 죄와 사망의 세력이 우리를 지배했습니다. 그래서 정죄에 시달렸습니다. 하지만 이제는 생명의 성령의 세력이 우리를 해방했습니다. 우리는 이제 완전히 다른 세계에서 삽니다.

이것을 '통치권 영역의 변경'이라고 부릅니다. 다시 말하면 우리의 국적이 바뀐 것입니다. 예를 들어 어떤 사람이 북한에서 살다가 우리나라로 와서 대한민국 국적을 얻으면, 그는 더는 북한 법의 지배를 받지 않습니다. 북한에서 비록 무슨 문제가 있었을지라도 대한민국 국민으로서 완전히 새로운 인생을 삽니다. 그 통치 영역, 즉 국적이 바뀌었기 때문입니다. 이처럼 우리가 예수님을 믿으면, 우리의 국적, 통치 영역이 바뀝니다. 죄와 사망의 영역에서 생명의 성령의 영역으로 바뀝니다. 생명의 성령의 영역에서 살면 죄와 사망이 더는 지배하지 못합니다. 따라서 어떤 정죄도 없습니다.

어떻게 그런 일이 가능합니까? 3절입니다. "율법이 육신으로 말미암아 연약하여 할 수 없는 그것을 하나님은 하시나니 곧 죄로 말미암아 자기 아들을 죄 있는 육신의 모양으로 보내어 육신에 죄를 정하사." 율법은 우리의 타락한 성품 때문에 우리를 정죄로부터 해방할 수 없었습니다. 실은 율법이 문제여서가 아니라 우리 육신이 연약하여 율법대로 살 수 없었기 때문입니다. 당시 유대인은 그 사실을 몰랐습니다. 즉 자신의 연약함을 몰랐고, 율법의 한계를 몰랐습니다. 그런 그들은 정죄에서 벗어날 수 없었습니다. 그러나 하나님은 율법이 할 수 없는 그 일을 하셨습니다. 하나님은 죄 문제를 해결하기 위해 당신 아들을 '죄 많은 육체의 모양과 죄의 제물'로 보내셨습니다. 그리고 그 육신에다 죄의 선고를 내리셨습니다. 그리하여 하나님은 우리의 죄를 해결하셨습니다.

그렇게 하신 그 목적은 무엇입니까? 그것은 육신을 따라 살지 않고 성령님을 따라 사는 우리가 율법이 요구하는 바를 이루게 하려는 것입니다(4). 율법의 요구는 무엇입니까? 하나님 사랑, 이웃 사랑입니다(막 12:30-31). 이것을 우리는 '율법의 정신', 또는 '율법의 핵심'이라고 부릅니다. 우리가

'율법을 지킨다.'라는 말은 '하나님을 사랑하고 이웃을 사랑한다.'라는 뜻입니다. 그런데 우리가 율법대로 살아서는 그 핵심을 실천할 수 없습니다. 우리가 연약해서입니다. 하지만 우리가 성령님을 따르면 율법의 정신을 지킬 수 있습니다. 성령님께서 나와 함께하시며 도와주시기 때문입니다.

그러면 성령님을 따르는 사람의 삶은 어떠합니까? 5절입니다. "육신을 따르는 자는 육신의 일을, 영을 따르는 자는 영의 일을 생각하나니." 육신을 따라 사는 사람은 육신에 속한 것을 생각합니다. 즉 자기중심적이고 세상적인 일을 생각합니다. 반면 성령님을 따라 사는 사람은 성령님의 일을 생각합니다. 즉 하나님 중심의 일을 생각합니다. 무엇을 따라 사느냐에 따라 그 생각도 다릅니다. 각각 자기 신분에 따라 생각을 달리하고 행동을 달리합니다.

그 생각의 열매는 어떤 대조를 이룹니까? 6절을 읽읍시다. "육신의 생각은 사망이요 영의 생각은 생명과 평안이니라." 육체를 따라 생각하면 사망의 열매를 맺습니다. 반면 성령님을 따라 생각하면 생명과 평안의 열매를 맺습니다.

이 말씀에서 우리는 무엇을 배웁니까? 첫째로, 성령님을 따를 때 맺는 열매 중 하나가 평안입니다. 평안은 하나님과 바른 관계에서 오는 내적 평화입니다. 죄와 죽음은 두려움을 줍니다. 용서와 생명은 평화를 줍니다. 우리가 실제 삶에서 겪는 갈등과 불안, 그리고 두려움이 얼마나 큽니까? 그 모든 뿌리에는 죄가 있고, 죽음이 있습니다. 그 죄를 해결해야 평화를 누립니다. 평화를 누려야 사람답게 살 수 있습니다. 평화는 로마 시대에 절박한 화두였고, 오늘 우리 시대의 화두이기도 합니다. 평화는 인류 역사에 없어서는 안 될 산소와 같은 삶의 필수품입니다. 그런데 그 평화가 영의 생각을 하는 사람에게 임합니다.

둘째로, 무엇을 생각하느냐, 무엇을 따르느냐에 따라 그 열매가 다릅니다. 세상에는 수많은 사람, 다양한 종류의 사람이 있습니다. 하지만 그 많은 사람을 두 종류로 구분할 수 있습니다. '육신의 생각을 하는 사람'과 '영의 생각을 하는 사람'입니다. 그리고 그 삶의 결과는 완전히 다릅니다. 내가 지금 무슨 생각을 하느냐, 무엇을 따르느냐가 미래를 결정합니다. 아니 내 삶 전체를 결정합니다. 그 점에서 이 순간 영의 생각을 하는 것, 성령님을 따르는 삶이 얼마나 소중합니까?

그러면 성령님의 생각, 즉 성령님을 따르는 삶은 무엇입니까? 말씀을 배우고, 그 말씀대로 살고, 기도하는 생활입니다. 삶에서 무슨 일을 만날 때 세상적 방법이나 가치관으로 생각하고 처리하기보다 주님 편에서 생각하고, 성경 렌즈로 보고 받아들이는 것입니다. 그러면 생명과 평화를 누립니다.

우리가 '코로나 19' 앞에서 별별 생각을 할 수 있습니다. 어떤 사람은 '정부가 교회를 박해한다.' '코로나 정치를 한다.'라고 생각합니다. 정치인은 그럴 수 있을 것입니다. 하지만 우리는 정치인 위에 계신 하나님, 정치인 뒤에서 일하시는 하나님을 생각해야 합니다. 하나님께서 우리 교회에 무슨 뜻을 두셨는지를 생각해야 합니다. 저는 그 뜻을 다 알지 못합니다. 다만 강조하는 바는 우리 교회가 세상에 대하여 정말로 소금과 빛으로서 역할을 하기 위해 개인 신앙을 견실하게 할 때라는 것입니다. 영적 허약 체질을 강하게 할 기회입니다.

이런 생각은 우리가 개인적으로 무슨 문제를 만날 때도 마찬가지입니다. 우리 중에는 몸이 아픈 사람도 있고, 삶이 생각처럼 풀리지 않고 꼬인 사람도 있습니다. 심각한 일을 만날 땔수록 육신의 생각보다는 성령님의 생각을 따라야 합니다.

그 문제 앞에서 육신의 생각을 하면 매우 불안하고 두렵습니다. 하지만 성령님을 따라 생각하면 평화가 임합니다. 성령님께서 도와주실 줄 믿기 때문입니다.

로마서 **복음과 삶**

　그러면 육신의 생각은 어떻습니까? 육신의 일을 생각하는 사람은 하나님과 원수가 됩니다. 왜냐하면, 그들은 하나님의 법을 따르지 않고, 복종할 수도 없기 때문입니다(7). 자기만족을 최상의 가치로 삼는 사람은 하나님을 거부할 수밖에 없습니다. 그런 사람은 하나님을 기쁘시게 할 수 없습니다(8). 그들의 관심과 생각은 세상에 붙들려 있기 때문입니다.

　그러나 하나님의 영이 살아 계시면 어떤 삶을 삽니까? 9절을 읽읍시다. "만일 너희 속에 하나님의 영이 거하시면 너희가 육신에 있지 아니하고 영에 있나니 누구든지 그리스도의 영이 없으면 그리스도의 사람이 아니라." 하나님의 영이 그 안에 계시면 그 사람은 육신 안에 있지 않고 성령님 안에 있습니다. 이런 사람은 험한 세상의 파도 속에서도 성령님의 사람으로 믿음의 길을 충성스럽게 갈 수 있습니다. 성령님이 그 사람 안에서 그와 함께하시기 때문입니다.

　성령님이 언제 우리 안에 계십니까? 우리가 예수님을 믿을 때 성령님이 오십니다. 실은 성령님이 오실 때 우리가 예수님을 믿습니다. 그리고 성령님은 오셔서 계속해서 사십니다. 성령님은 하나님 아들의 영이십니다. 그러므로 그리스도의 영이 없는 사람은 그리스도께 속하지 않았습니다. 그리스도의 영이 없는 사람은 그리스도의 사람이 아닙니다.

　그리스도께서 우리 안에 계시면 어떻게 됩니까? 비록 우리 몸은 죄 때문에 죽었을지라도 그리스도께서 우리 안에 계시면 우리는 하나님과 올바른 관계를 회복합니다. 따라서 우리의 영은 살아 있습니다(10). 예수님을 죽은 자 가운데서 살리신 분의 영이 우리 안에 계시면, 그리스도를 죽은 자 가운데서 살리신 분이 우리 안에 계시는 것입니다. 그분의 영으로 우리 죽을 몸도 살리십니다(11).

　그러므로 우리는 어떻게 살아야 합니까? 12절을 읽읍시다. "그러므로 형제들아 우리가 빚진 자로되 육신에게 져서 육신대로 살 것이 아니니라."

'빚진 자'란 '의무 아래 있는 사람'을 말합니다. 우리는 빚을 지고 있는 사람입니다. 하지만 육신에 빚을 진 것은 아닙니다. 우리는 육신대로 살아서는 안 됩니다. 지금은 우리 안에 성령님이 계시기 때문입니다. 우리는 성령님께 빚을 졌습니다.

그런데도 우리가 육신대로 살면 어떻게 됩니까? 육신을 따라서 살면 반드시 죽습니다. 그러나 영으로써 몸의 행실을 죽이면 삽니다(13). 하나님의 아들딸은 그 신분에 맞게 살아야 합니다. 지금 어떻게 사느냐에 따라 죽음과 삶이 갈립니다.

우리는 왜 성령님의 인도함을 받아야 합니까? 우리는 성령님의 인도함을 받는 하나님의 아들딸이기 때문입니다(14). 그 아들딸의 특권은 무엇입니까? 15절을 읽읍시다. "너희는 다시 무서워하는 종의 영을 받지 아니하고 양자의 영을 받았으므로 우리가 아빠 아버지라고 부르짖느니라." 이제 우리는 두려워하는 종살이의 영을 받지 않습니다. 대신 우리는 양자의 영, 즉 아들딸로 삼으시는 성령님의 영을 받았습니다. 하나님은 우리를 당신의 아들딸로 삼으시는 성령님을 보내셨습니다. 성령님께서 죄의 종으로 살던 우리를 당신의 아들딸로 삼아주셨습니다. 우리의 신분이 죄인에서 하나님의 아들딸로 바뀌었습니다. 그러므로 우리는 하나님을 "아빠 아버지"라고 부를 수 있습니다.

우리가 이렇게 부른 데는 무슨 뜻이 있습니까? 우리를 예수님과 동등한 위치로 올리신 것입니다. '아빠'란 말을 예수님께서 하나님 아버지를 부르실 때 사용하셨습니다(막 14:36). 우리는 예수님이 하나님 아버지를 부르실 때처럼 하나님을 아주 따뜻하고 친근한 아버지로 느끼며 부를 수 있습니다. 당시 유대인은 하나님을 높이 들린 보좌에 앉아 열국을 다스리시며, 파도를 명령하시며, 온 세상의 왕으로서 심판과 긍휼을 내리시며, 무한히 거룩하신 분으로 여겼습니다. 따라서 그들은 하나님의 이름을 부르는 그것을 두려워했습니다. 그들이 하나님을 다정하고 따뜻하고 포근한 '아빠'로 부른다는 것은 생각도 할 수 없는 일이었습니다. 그러나 예수님과 바울 사도는 우리와 하나님과의 관계가 완전히 바뀌었음을 보여줍니다. 우리와 하나님 사이가 아들딸과 아빠처럼 매우 친한 사이임을 강조합니다.

그 사실을 어떻게 확신할 수 있습니까? 16절입니다. "성령이 친히 우리의 영과 더불어 우리가 하나님의 자녀인 것을 증언하시나니." 성령님은 우리의 영과 함께 우리가 하나님의 아들딸임을 증언하십니다. 성령님은 우리가 하나님의 아들딸이라는 사실을 깨우쳐 주십니다. 그때 우리는 기쁜 마음으로 응답합니다. "아빠 아버지!"

그 아들딸은 하나님한테서 무엇을 받습니까? 17절을 읽읍시다. "자녀이면 또한 상속자 곧 하나님의 상속자요 그리스도와 함께한 상속자니 우리가 그와 함께 영광을 받기 위하여 고난도 함께 받아야 할 것이니라." 우리가 하나님의 아들딸이면 상속자입니다. 즉 하나님의 상속자이며, 그리스도와 공동 상속자입니다. '상속자'는 부모의 재산을 유업으로 받습니다. 하나님의 상속자는 하나님의 재산을 유업으로 받습니다. 우리는 그리스도와 공동 상속자이어서 그리스도께서 받으시는 모든 상속을 함께 받습니다.

그것이 무엇입니까? 우리는 그분과 함께 영광을 받습니다. 그리스도께서 받으신 영광이 얼마나 영광스럽습니까? 그 첫째가 영원한 생명입니다. 그분은 십자가에서 죽었지만 살아나셔서 하나님 나라에 계십니다. 그분은 세상을 다스리며, 세상을 심판할 심판장입니다. 우리는 그분과 함께 영생을 누립니다. 그분이 장차 세상에 오셔서 심판하실 때 우리도 그분과 함께 합니다.

둘째로, 우리는 그리스도께서 받으셨던 고난도 함께 받습니다. 그리스도의 영광에 참여함은 곧 그 고난에 참여함을 뜻합니다. 그리스도는 이 땅에서 크고 작은 고난을 받으셨습니다. 그 절정은 십자가에서 돌아가심입니다. 그렇다고 해서 우리가 그분이 받은 모든 고난을 문자적으로 똑같이 받는 것은 아닙니다. 우리는 그렇게 받을 수도 없습니다. 다만 우리는 하나님의 아들딸로서 영광은 물론이고 고난도 함께 받는다는 것입니다. 그리스도께서 가신 고난의 길을 따라간다는 것입니다.

당시 로마교회가 이 사실을 아는 것이 왜 중요합니까? 그들은 지금 삶에서 고난을 받고 있습니다. 로마 정권으로부터 받는 정치적 고난은 물론이고, 물질의 부족함에서 오는 경제적 고난, 세상 사람으로부터 인정을 받지 못하는 사회적 고난을 받고 있습니다. 그때 그들이 '하나님의 아들딸은 영광만 받는다.'라고 생각하면 어떻게 할까요? 하나님의 아들딸로서 자존감을 잃을 수 있습니다. 믿음의 길이 흔들릴 수 있습니다. 성령님의 생각을 포기할 수 있습니다. 하지만 그 시점에서 그들이 '하나님의 아들딸은 영광도 받지만, 고난도 받는다.'라는 사실을 영접하면, 꿋꿋이 나갈 수 있습니다. 육신을 따르지 않고 성령님을 따를 수 있습니다

오늘 우리에게 주는 의미는 무엇입니까? 우리가 성령님을 따라 사는 영적인 사람이라고 해서 고난이 사라진 것은 아닙니다. 우리에게 영광이 있지만 동시에 고난도 있습니다. 영광이 있기에 고난을 감당할 수 있습니다. 그런데 일부 교회에서는 "사용자에게 친절한(user friendly) 교회 만들기"라는 말을 합니다. 이 말은 "고객은 왕이다."라는 시장 원리에서 나왔습니다. 즉 교인이 듣기에 부담스러운 말씀을 설교하지 않고 듣기 좋은 말만 한다는 것입니다. 물론 목자가 말씀을 통해서 삶의 현장에서 고생하는 양떼에 용기를 주는 일은 매우 바람직합니다. 그렇다고 해서 무조건 "예수 믿으면 잘 살 수 있다." "예수 믿으면 만사가 형통하다."라는 식은 말씀을 왜곡할 수 있습니다. 우리 앞에는 영광과 함께 고난도 있기 때문입니다.

우리는 어떤 존재입니까? 우리는 육을 따르지 않고 영을 따르는 존재입니다. 그러므로 우리는 무슨 생각을 해야 합니까? 성령님의 생각을 해야

합니다. 왜 그렇게 해야 합니까? 육신의 생각은 사망이요 영의 생각은 생명과 평안이기 때문입니다. 우리 앞에는 크고 작은 문제가 있습니다. 그 문제를 어떤 마음으로 보느냐에 따라 과정도 다르고 결과도 다릅니다. 우리가 이 주간 그 문제 앞에서 영의 생각을 하여 생명과 평화의 열매를 맺기를 기도합니다.

제11강

끊을 수 없으리라

◇ 본문 로마서 8:18-39
◇ 요절 로마서 8:39
◇ 찬송 290장, 294장

'분리 불안 장애(Separation Anxiety Disorder)'라는 것이 있는데, '사랑하는 대상과 떨어질 때 나타나는 불안 증세'를 뜻합니다. 요즘은 집에서 키우는 강아지도 그런 증상을 느낀다고 합니다. 그런데 가장 큰 '분리 불안 장애'는 하나님과 우리 사이에서 일어날 수 있습니다. 만일 우리가 '난 하나님의 사랑에서 떨어졌다.'라고 생각하는 순간, 불안과 두려움에 시달립니다. 따라서 건강한 믿음의 사람으로 자라려면 '분리 불안 장애'를 이겨야 합니다. 어떻게 이길 수 있습니까?

첫째, 고난 중에 영광을 소망해야 합니다(18-30).

18절을 봅시다. "생각하건대 현재의 고난은 장차 우리에게 나타날 영광과 비교할 수 없도다." 우리는 하나님의 아들딸이어서 예수님과 함께 상속을 받습니다. 예수님께서 받으신 영광은 물론이고 고난도 받습니다(17). 예수님을 믿어서 세상으로부터 무시를 받기도 하고, 가난하게 살기도 합니다. 그뿐만 아니라, 일반적으로 병으로 고생도 하고, 삶이 풀리지 않아서 힘든 시간을 보내기도 합니다. 하지만 현재 내가 겪는 고난과 장차 나타날 영광을 비교할 수 없습니다. 고난이 힘들기는 하지만, 장차 누릴 영광에 비하면 하찮은 것에 불과합니다.

그러므로 피조물은 무엇을 고대합니까? 그것은 하나님의 아들들이 나타나는 것을 고대합니다(19). '하나님의 아들들'은 '하나님의 아들딸'입니다. 지금 세상을 보면, '세상의 아들들'이 주연이고 '하나님의 아들딸'은 조연처럼 보입니다. 하지만 예수님께서 세상에 다시 오실 때 그 역할이 바뀝니다. 그때는 하나님의 아들딸이 세상을 다스립니다. 따라서 '피조물이 하나님의 아들딸이 나타나는 것을 고대한다.'라는 말은 예수님께서 세상에 다시 오셔서 세상을 회복하는 것을 말합니다.

피조물은 왜 그때를 기대합니까? 20절입니다. "피조물이 허무한 데 굴복하는 것은 자기 뜻이 아니요 오직 굴복하게 하시는 이로 말미암음이라." 첫 사람 아담이 죄를 지음으로써 환경이 허무에 무너졌습니다. 하지만 둘째 아담 그리스도의 구속을 통해서 하나님의 아들들이 나타날 때 자연 세계도 회복할 것입니다. 이것이 피조물이 하나님의 아들들의 나타남을 고대하는 이유입니다. 피조물이 바라는 것도 썩어짐의 종살이에서 벗어나 하나님의 아들딸이 누릴 영광스러운 자유를 얻는 것입니다. 피조물도 함께 신음하며 함께 고통받고 있기 때문입니다(21-22).

성경에 의하면, 오늘의 자연파괴는 인간의 죄로부터 시작했음을 알 수 있습니다. '지구 온난화' 문제의 뿌리에도 인간의 죄가 있습니다. 전 세계가 겪는 '코로나 19'도 인간의 죄 때문이 아닐까요? 그래서 피조물도 탄식하는 것입니다. 또 누가 신음합니까? 23절을 읽읍시다. "그뿐 아니라 또한 우리 곧 성령의 처음 익은 열매를 받은 우리까지도 속으로 탄식하여 양자 될 것 곧 우리 몸의 속량을 기다리느니라." 성령님께서 우리를 하나님의 아들딸로 삼으셨습니다. 하지만 우리의 육신은 여전히 연약하여 하나님의 아들딸답게 살지 못합니다. 그래서 우리는 하나님의 완전한 아들딸, 즉 몸의 구속을 기다리면서 탄식합니다.

우리는 어떻게 구원을 얻었습니까? 우리는 소망으로 구원을 얻었습니다. '소망'이라는 말 자체가 우리의 구원은 아직 완성되지 않았음을 뜻합니다. 우리는 성령님께서 우리 안에 이루신 그 구원을 장차 완성하실 것을 소망합니다. 그 소망으로 우리는 구원을 받았습니다. 그러나 눈으로 보는 것을 바라는 것은 소망이 아닙니다. 눈으로 보는 것을 누가 바랍니까(24)? 소망은 볼 수 없는 것을 확신하며 기대하는 것입니다. 우리의 구원을 아직은 볼 수 없지만, 우리는 소망합니다. 볼 수 없다고 해서 없는 것은 아닙니다. 만일 우리가 보지 못하는 것을 바라면 참고 기다려야 합니다(25).

우리가 어떻게 참고 기다릴 수 있습니까? 26절을 읽읍시다. "이와 같이 성령도 우리의 연약함을 도우시나니 우리는 마땅히 기도할 바를 알지 못하나 오직 성령이 말할 수 없는 탄식으로 우리를 위하여 친히 간구하시느니라." 성령님께서 우리의 연약함을 도와주십니다. 우리는 고난을 겪을 때 무엇을 위해서 기도해야 할지 모를 때가 있습니다. 기도할 수 있는 마음도 없고 힘도 없을 때가 있습니다. 또 우리는 하나님의 뜻이 무엇인지 몰라서 헤맬 때도 있습니다. 그런데 바로 그때 성령님께서 우리를 대신해서 말로 하기에는 너무 깊은 신음으로 기도합니다. 그러므로 우리는 무엇을 위해 기도할지 모를 때 절망하지 않아야 합니다. 오히려 우리를 대신해서 기도하시는 성령님을 의지해야 합니다.

외국에서는 보통 아이가 어릴 때부터 다른 방에서 따로 재웁니다. 아이는 엄마 품을 떠나지 않으려고 웁니다. 그때 엄마는 아이를 꼭 껴안고 말합니다. "아가야, 넌 혼자가 아니다. 네 뒤에 내가 있단다. 너는 이 사실을 믿고 혼자 자는 법을 익혀야 해. 그래야 이 험한 세상을 헤쳐나갈 수 있단다." 성령님은 이 엄마처럼 우리와 함께하시며 우리를 위해 기도하십니다.

하나님은 성령님의 기도를 어떻게 받으십니까? 하나님은 성령님의 생각이 무엇인지를 아십니다. 하나님은 성령님의 탄식을 아십니다. 왜냐하면, 성령님은 하나님의 뜻대로 성도를 위하여 기도하시기 때문입니다 (27). 성령님은 하나님의 뜻을 알고, 하나님은 성령님의 마음을 아십니다.

그러므로 우리는 무엇을 압니까? 28절을 봅시다. "우리가 알거니와 하나님을 사랑하는 자 곧 그의 뜻대로 부르심을 입은 자들에게는 모든 것이 합력하여 선을 이루느니라." 하나님을 사랑하는 사람은 하나님의 뜻대로 부르심을 받은 사람입니다. 우리 편에서 보면 '하나님을 사랑하는 자'이고, 하나님 편에서 보면 '그 뜻대로 부르심을 입은 자'입니다. 우리가 삶에서 겪는 고난 자체는 좋은 일이 아닙니다. 하지만 그것이 우리의 믿음을 성숙하게 하고 소망을 강하게 하면 좋은 일입니다. 하나님은 우리가 삶에서 겪는 일을 좋은 일로 만들고자 함께 일하십니다.

이 하나님을 모르고 사는 사람은 삶에서 만나는 일을 우연이나 나쁜 일로만 생각합니다. 그러면 늘 안타깝고 후회스럽고 신음만 나옵니다. 그러나 하나님을 사랑하는 사람, 하나님한테서 부르심을 받은 사람은 만나는 일이 비록 좋지 않을지라도 희망을 품습니다. 왜냐하면, 하나님께서 우리와 함께 일하셔서 좋은 일로 만드시기 때문입니다. 따라서 하나님을 사랑하는 사람은 안타까움으로 시간을 허비하지 않습니다. 모든 것이 협력하여 선을 이루는 줄 알기 때문입니다.

하나님은 왜 그렇게 하십니까? 29절을 읽읍시다. "하나님이 미리 아신 자들을 또한 그 아들의 형상을 본받게 하기 위하여 미리 정하셨으니 이는 그로 많은 형제 중에서 맏아들이 되게 하려 하심이니라." 하나님은 미리 아신 사람을 미리 정하셨습니다. 이것을 '미리 아심, 미리 정하심', 즉 '예지예정(豫知豫定, foreknowledge & predestination)'이라고 부릅니다. 하나님께서 미리 아신 사람을 미리 정하신 목적은 그 아들 예수 그리스도의 형상을 본받도록 하심입니다. 연약한 육신을 벗고 성령님의 사람, 하나님의 아들딸로 살도록 하심입니다. 우리는 이런 사람을 '작은 예수(little Jesus)'라고 부릅니다. 그러면 우리가 본받는 그리스도는 많은 성도 중에서 맏아들이 되십니다. 큰아들은 가족 구성원의 대표이고, 그리스도는 하나님 가족의 대표입니다.

하나님께서 우리를 미리 정하셔서 부르신 또 다른 목적은 무엇입니까? 30절입니다. "또 미리 정하신 그들을 또한 부르시고 부르신 그들을 또한 의롭다 하시고 의롭다 하신 그들을 또한 영화롭게 하셨느니라." 하나님은 미리 정하신 사람을 또한 부르셨는데, 그 부르신 사람을 의롭다고 하셨습니다. 그것을 '칭의(Justification)'라고 합니다. 하나님은 그를 또한 영화롭게 하셨습니다. 그것을 '영화(Glorification)'라고 합니다. 칭의부터 영화까지의 기간을 '성화(Sanctification)의 과정'이라고 합니다. 그러니까 하나님께서 우리를 미리 정하시고 부르셔서 의롭다 하신 목적은 영화롭게 하는 데 있습니다.

제2차 세계대전에서 연합군이 승리할 때 의미 있는 두 날이 있었습니다. '공격 개시일(Decision day)'과 '승리의 날(Victory-day)'입니다. 노르망디 상륙작전이 'D-day'인데, 이때부터 치열하게 싸움을 시작하여 마침내 베를린을 점령했습니다. 그날을 'V-day'라고 부릅니다. 우리를 의롭다 하시는 날을 'D-day'라고 하면, 영화롭게 하는 날을 'V-day'라고 할 수 있습니다. 이 땅에서 우리의 싸움은 아직 끝나지 않았습니다. 오히려 더 강한 저항을 받고 있습니다. 하지만 그 싸움은 승리가 보장된 싸움입니다. 그러면 그런 일을 두고 무슨 말을 할 수 있겠습니까?

둘째, 하나님의 사랑을 확신해야 합니다(31-39).

31절을 봅시다. "그런즉 이 일에 대하여 우리가 무슨 말 하리요 만일 하나님이 우리를 위하시면 누가 우리를 대적하리요." 그런즉 하나님께서 우리를 영화롭게 하시는 일에 대하여 무슨 말을 할 수 있습니까? 하나님이 우리를 위하시면 누가 우리를 대적할 수 있습니까?

하나님은 우리를 어떻게 위하십니까? 32절을 읽읍시다. "자기 아들을 아끼지 아니하시고 우리 모든 사람을 위하여 내주신 이가 어찌 그 아들과 함께 모든 것을 우리에게 주시지 아니하겠느냐." 하나님께서 우리를 위하신다는 사실은 당신의 아들을 우리를 위하여 내어 준 사건에 나타났습니다. 하나님께서 당신 아들을 십자가 죽음에 내어 준 것은 우리를 위한 희생적 사랑이었습니다. 그렇다면 그분은 아들과 함께 모든 것을 선물로 주실 것을 어찌 의심할 수 있겠습니까? 하나님께서 아들을 주셨다면 모든 것도 주실 것입니다.

그러므로 하나님이 선택하신 당신의 아들딸을 누가 고발할 수 있습니까? 누구도 하나님의 아들딸을 법정에서 소송할 수 없습니다. 왜냐하면, 의롭다 하시는 분은 하나님이시기 때문입니다(33). 하나님은 재판정에서 우리를 '의롭다고' 이미 선언하셨습니다. 그러므로 누구의 고발도 효력을 얻지 못합니다. 누구도 '단번에', '영원히' 이루어진 그 결정을 뒤집을 수 없습니다. 하나님께서 의롭다고 이미 선언하셨는데, 누가 정죄할 수 있습니까? 죽으시고 살아나신 예수님은 하나님 우편에 계십니다. 만왕의 왕으로 능력과 통치권을 가지고 세상을 다스리십니다. 그분은 우리를 위하여 대신 기도하십니다. 성령님은 우리 안에서 우리를 위해 탄식하며 기도하십니다. 이런 우리를 누가 감히 정죄할 수 있습니까(34)?

우리를 향한 하나님의 사랑이 어느 정도입니까? 35절을 봅시다. "누가 우리를 그리스도의 사랑에서 끊으리요 환난이나 곤고나 박해나 기근이나 적신이나 위험이나 칼이랴." 누가 그리스도의 사랑에서 우리를 끊을 수 있습니까? 그런 일은 있을 수 없습니다. 우리를 그리스도의 사랑에서 분리하려는 것들은 무엇입니까? 환난이나 곤고, 박해나 기근, 헐벗음과 위험, 그리고 죽음 등이 있습니다. 이것들은 당시 로마교회가 삶에서 겪었던 일입니다. 오늘 우리는 삶에서 이런 일을 직접 겪지는 않을 것입니다. 하지만 상대적 어려움을 겪습니다. 그럴지라도 그것들이 우리를 그리스도의 사랑에서 떼어놓지는 못합니다.

하지만 하나님의 아들딸은 현실에서 어떻게 삽니까? 종일 주님을 위하여 죽임을 당하며, 도살당할 양 같이 여김을 받습니다(36). 이것은 당시 로마교회의 현실을 표현한 것입니다. 그들은 상상의 위험이 아니라 실재의 위험을 겪었습니다.

그러나 그들은 그 위험을 어떻게 이깁니까? 37절을 읽읍시다. "그러나 이 모든 일에 우리를 사랑하시는 이로 말미암아 우리가 넉넉히 이기느니라." '넉넉히 이긴다'라는 말은 '승리자 이상이다', '영광스러운 승리를 얻는다.'라는 뜻입니다. 우리는 우리를 미리 아시고 미리 정하신 그분, 우리를 위해 당신 아들까지도 아끼지 않고 내어주기까지 사랑하는 그분으로 넉넉히 이깁니다. 우리는 삶에서 만나는 어려움을 내 능력이나 의지로 이길 수 없습니다. 우리를 사랑하시는 그분으로만 이깁니다. 따라서 우리는 내 힘으로 어찌할 수 없는 일을 만났을 때 어떻게 해야 합니까? 그 문제보다 그분을 바라보고 그분을 믿어야 합니다.

그러면 우리는 무엇을 확신합니까? 38절과 39절을 읽읍시다. "내가 확신하노니 사망이나 생명이나 천사들이나 권세자들이나 현재 일이나 장래 일이나 능력이나, 높음이나 깊음이나 다른 어떤 피조물이라도 우리를 우리 주 그리스도 예수 안에 있는 하나님의 사랑에서 끊을 수 없으리라." 이 세상에는 하나님의 사랑을 확신하지 못하도록 하는 존재와 세력이 있습니다. 사망과 생명, 천사와 권세자, 현재 일과 장래 일, 그리고 높음이나 깊음이 있습니다. 세상에는 별별 것들이 우리를 하나님의 사랑에서 멀어지게 합니다. 하지만 그 어떤 것도 하나님의 사랑에서 떼어놓을 수 없습니다. 사도는 이 세상에 존재하는 그 어떤 것도 하나님의 사랑에서 떼어놓을 수 없음을 확신합니다.

사도는 이제까지 믿음을 강조했는데, 왜 사랑을 강조할까요? 우리가 하나님의 아들딸이 되는 것은 우리 편에서는 믿음입니다. 우리는 믿음으로 의롭다 하심을 받았기 때문입니다. 하지만 그 믿음의 뿌리에는 하나님의 사랑이 있습니다. 하나님께서 우리를 미리 아시고 미리 정하시고 부르셨기 때문입니다. 성령님께서 양자의 영으로 우리를 아들딸로 삼으셨기 때문입니다. 따라서 하나님의 사랑이 우리의 믿음보다 앞섭니다. 하나님의 사랑은 영원 전에 미리 아시고 미리 정하심에 뿌리를 두고 있습니다. 따라서 그 어떤 피조물도 하나님의 사랑에서 우리를 끊을 수 없습니다. 오늘 우리는 하나님의 사랑을 그리스도의 십자가를 통해서 경험할 수 있습니다. 우리가 비록 삶에서 크고 작은 문제를 만날지라도 예수님의 십자가를 통해서 그 사랑을 알고, 그 사랑에 근거해서 믿음을 갖고 믿음으로 삽니다.

독일의 신학자 틸리케(Helmut Thielicke, 1906–1986)는 대학 시절 거의 불치에 가까운 병을 앓았습니다. 다른 사람은 뛰놀 때 그는 스스로 옷도 제대로 입지 못했습니다. 시험 답안도 겨우 썼습니다. 그는 하나님께 묻지 않을 수 없었습니다. "왜 우리의 삶은 개인적이든 사회적이든 비극을 동반하고 있는가요?" "이 세상은 신음으로 가득 차 있는데도 하나님은 왜 침묵만 하시나요?" 그는 그 질문에 대한 답을 찾고는 말합니다. "우리는 하나님이 침묵하고 소극적인 것 같이 보일 때 아무 일도 일어나지 않는다고 생각해서는 안 됩니다. 사실 심판 자체는 그분의 침묵 속에서 이루어지고 있기 때문입니다. 하나님의 침묵은 겟세마네 동산과 골고다 언덕의 두려운 침묵입니다. 겟세마네와 골고다 뒤에는 부활의 영광과 함께 놀라운 사랑이 자리 잡고 있습니다."

그는 그 사랑을 깨닫고 증언합니다. "하나님은 온 세상을 다스리는 주님이신데도 나를 아시며 나를 만나러 오시고, 나를 가슴으로 안으십니다. 나는 언제나 그분의 아들딸로 있을 것입니다. 고통도 시련도, 박해나 기근이나 헐벗음도, 위험이나 칼도 나를 그분의 사랑에서 분리할 수 없습니다. 나를 위해 내미는 그 손길이 섭섭할 때도 있지만, 얼마나 사랑스러운 손길인지 알 수가 없습니다."

하나님과 나 사이에 '분리 불안 증세'가 있습니까? 고난 중에 영광을 소망하고, 그 무엇도 떼어놓지 못하는 하나님의 사랑을 확신함으로 이기기를 기도합니다.

제12강
하나님의 참 백성

◇ 본문 로마서 9:1-29
◇ 요절 로마서 9:18
◇ 찬송 520장, 521장

요즘 '진짜'를 뜻하는 말로 '찐'이라는 말이 유행합니다. 한자어 '참 진(眞)'을 세게 발음하여 '찐'이 되었다고 합니다. 가짜가 많으니 '찐'을 더 강조한 것입니다. 이런 모습은 로마교회에서도 있었는데, 하나님의 '가짜 백성'이 많다 보니 '찐 백성은 누구인가?'에 관해 물었습니다. 하나님의 참 백성은 누구입니까?

첫째, 하나님의 주권적 선택(1-13)

사도는 참말을 하고 거짓을 말하지 않습니다. 그의 양심이 성령님을 힘입어서 그것을 증언합니다. 그에게는 큰 슬픔과 끊임없는 고통이 있었습니다. 그는 형제자매를 위하는 일이라면 자신이 저주를 받아서 그리스도에게서 끊어질지라도 달게 받고자 합니다(1-3). 왜냐하면 '믿음으로 의롭다 하심'이라는 기준으로 현재 이스라엘을 볼 때, 그들은 하나님의 백성이 아니기 때문입니다. 혈통적 이스라엘은 사라졌기 때문입니다.

과거 이스라엘은 어떤 특권이 있었습니까? 4절을 봅시다. "그들은 이스라엘 사람이라 그들에게는 양자 됨과 영광과 언약들과 율법을 세우신 것과 예배와 약속들이 있고" 그들은 이스라엘 사람입니다. '이스라엘'이라는 이름은 야곱이 하나님과 씨름한 후에 하나님께서 그에게 주신 이름입니다 (창 32:28). 그 이름의 뜻은 '하나님과 겨루어서 이긴 사람'입니다. 그런데 이스라엘이라는 이름은 한 개인의 이름이 아닌 야곱의 후손과 나라의 이름으로 불렸습니다(레 1:2, 삿 2:4). 여기서는 하나님께서 택하신 민족, 즉 '선민'이라는 뜻입니다.

하나님은 그들을 양자, 아들딸로 삼았습니다. 하나님은 그들에게 영광을 보여주셨고, 언약을 맺으셨습니다. 율법을 주셨고 예배하도록 하셨고 약속을 주셨습니다. 그뿐 아니라 아브라함, 이삭, 그리고 야곱과 같은 믿음의 조상을 허락하셨습니다. 육신, 즉 인간의 혈통에 따르면 그리스도께서 이스라엘의 후손으로 태어나셨습니다. 그분은 만물을 다스리며 찬양을 받으실 하나님이십니다(5). 하나님은 이스라엘에 이런 특권을 주셨습니다.

하지만 그들 대다수는 그 특권을 감당하지 못했습니다. 그리스도를 믿지 않고 배척했기 때문입니다. 하나님께 선택을 받았던 그들이 이제는 버림을 받았습니다. 그러면 그들에게 주신 하나님의 약속은 실패한 것입니까? 이스라엘이 하나님의 약속을 믿지 않았다고 해서 그들에게 주신 하나님의 약속이 실패한 것은 아닙니다. 왜냐하면, 이스라엘 사람이라고 해서 다 이스라엘 사람이 아니기 때문입니다(6).

그 사실을 어떻게 알 수 있습니까? 7절입니다. "또한 아브라함의 씨가 다 그의 자녀가 아니라 오직 이삭으로부터 난 자라야 네 씨라 불리리라 하셨으니." 아브라함은 이스마엘과 이삭 두 명의 아들만 낳은 것으로 알아요. 하지만 그는 그들 외에 6명의 아들을 더 낳았습니다(창 25:1-2). 그러나 아브라함의 아들이라고 해서 다 그의 자녀가 아닙니다. 아브라함의 피를 이어받았다고 해서 자동으로 하나님의 아들딸이 되는 것은 아닙니다. 하나님은 당신께서 약속하신 그 씨만 아들딸로 인정하시기 때문입니다. 따라서 이삭으로부터 난 그 아들만 그의 씨로 부릅니다. 하나님께서 그렇게 말씀하셨기 때문입니다(8-9, 창 21:12).

그런데 이렇게 물을 수 있습니다. "하나님께서 이삭을 약속의 씨로 삼으신 것은 그의 어머니 때문이 아닌가요?" 이스마엘과 이삭의 어머니가 달랐는데, 이삭의 어머니 사라는 아브라함의 정부인이었습니다. 정부인의 아들이 그 가문의 상속자가 되는 것은 관례였습니다. 그런데 이와는 다른 예가 있습니다. 이삭은 리브가와 결혼했는데, 리브가는 쌍둥이를 잉태했습니다(10, 창 25:21). 그 쌍둥이는 아직 태어나지도 않았고, 선한 일이나 악한 일을 행하지도 않았습니다. 그런데 하나님은 동생을 선택하셨습니다. 그것은 그들의 행위에 기초한 것이 아니라 부르신 분의 뜻에 따른 것입니다(11). 우리는 그것을 '하나님의 주권적 선택'이라고 부릅니다.

그 주권적 선택이 어떻게 나타났습니까? 12절입니다. "리브가에게 이르시되 큰 자가 어린 자를 섬기리라 하셨나니." 하나님은 리브가에게 '형이 동생을 섬길 것이다.'(창 25:23b)라고 말씀하셨습니다. 보통은 동생이 형을 섬깁니다. 하나님께서 그 전통을 바꾸십니다. 그것을 말라기 선지자는 이렇게 해석했습니다. "내가 야곱은 사랑하고 에서는 미워하였다"(13). 하나님은 형 에서가 아닌 동생 야곱을 선택하셨습니다. 왜냐하면, 하나님은 야곱을 사랑하고 에서를 미워하셨기 때문입니다. 사랑과 미움은 선택과 버림으로 나타납니다. 그런데 그 일은 그들의 행위가 아닌 하나님의 주권적 선택에 근거했습니다. 하나님의 선택과 버림은 야곱 다음에 이어지는 세대에서도 계속됩니다. 유대인은 하나님께서 자기를 사랑하셔서 선택하셨다고 주장하지만, 사도 바울은 유대인 중에서도 선택받은 사람이 있고 버림을 받은 사람이 있다고 말합니다.

사도가 하나님의 주권적 선택을 말하는 목적은 무엇입니까? 하나님의 참 백성은 혈통에 있지 않고, 하나님의 주권적 선택에 있음을 강조한 것입니다. 당시 유대인은 혈통적으로 아브라함의 후손이면 자동으로 하나님의 백성이라고 생각했습니다. 하지만 그렇지 않습니다. 혈통이 아닌 주권적 선택으로 하나님의 백성이 됩니다. 그 근거는 오늘 갑자기 만든 것이 아닙니다. 이삭과 이스마엘, 야곱과 에서 때부터 이미 있었습니다. 하나님께서 에서 대신 야곱을 선택하신 것처럼 유대인 대신 이방인을 선택하셔서 당신의 참 백성으로 삼으셨습니다. 혈통이 중요한 것이 아니라 하나님의 주권적 선택이 중요합니다.

둘째, 하나님의 긍휼(14-29)

하나님은 아직 태어나지도 않은 쌍둥이 사이를 구분하여 하나는 사랑하고 다른 하나는 미워하셨습니다. 하나님께서 야곱을 주권적으로 선택하셨습니다. 그러면 하나님이 불의합니까? 그럴 수 없습니다(14). 왜냐하면, 하나님께서 모세에게 말씀하셨기 때문입니다. "내가 긍휼히 여길 자를 긍휼히 여기고 불쌍히 여길 자를 불쌍히 여기리라"(15, 출 33:19). 하나님께서 누군가를 긍휼히 여기시고 불쌍히 여기시는 것은 전적으로 하나님의 뜻에 달려 있습니다.

그러므로 하나님의 긍휼은 사람의 의지나 노력에 달려 있지 않습니다. 그것은 오직 하나님의 뜻에 달려 있습니다(16). 하나님께서 모세 시대 때 애굽에 바로를 세우셨습니다. 그 목적은 그로 말미암아 하나님의 능력과 살아계심을 온 세상에 드러내기 위함이었습니다(17). 어두움이 있어야 빛이 드러나는 것처럼, 바로를 통해 여호와를 드러내신 것입니다.

이 하나님은 어떤 분입니까? 18절을 읽읍시다. "그런즉 하나님께서 하고자 하시는 자를 긍휼히 여기시고 하고자 하시는 자를 완악하게 하시느니라." 하나님은 당신의 원대로 어떤 사람은 긍휼히 여기시고 어떤 사람은 완악하게 하십니다. 사도는 '긍휼'과 '완악'을 대조합니다. '긍휼'의 대표는 모세와 이스라엘이고, '완악'의 대표는 바로입니다. 하나님은 모세와 이스라엘에는 긍휼을 베푸셨지만, 바로와 애굽을 완악하게 하셨습니다. 하나님께서 그렇게 하고자 하셨기 때문입니다.

우리는 긍휼과 완악함 앞에서 어떤 고민을 할 수 있습니까? 긍휼과 완악함은 하나님의 주권에 근거합니다. 그런데 하나님의 주권을 강조하면 인간의 책임이 사라지기 쉽습니다. 내 완악함 앞에서 내 책임은 없습니까? 하나님은 문제없는 사람을 나쁘게 만드십니까? 그렇지는 않습니다. 타락한 인간은 죄의 지배 아래 있기에 처음부터 반역자입니다. 하나님은 그런 자가 완악하도록 허용하십니다. 어떤 자가 버림을 받는다면, 그것은 자기 죄의 결과입니다. 반면 어떤 자가 선택받아서 구원을 받는다면, 그것은 오직 하나님의 긍휼 때문입니다. 모두가 멸망을 받아야 마땅한데 그중에서 내가 구원을 받은 것은 하나님께서 내게 긍휼을 베푸신 증거입니다. 구원은 하나님의 주권적 선택과 하나님의 긍휼에 달려 있습니다. 누구도 하나님께 구원을 요구할 권한이 없습니다. 긍휼의 대상을 결정하는 것은 하나님의 주권 영역에 속하기 때문입니다.

어떤 사람은, 야곱이 하나님의 참 백성 된 것을 그의 인간 조건에서 찾습니다. "그는 성실했다. 집념이 강했다. 명분을 소중히 여겼다. 그러므로 우리가 하나님께 쓰임 받으려면 이런 요소를 가져야 한다." 이 점을 무시할 수는 없습니다. 하지만 더욱 중요한 것은 야곱이 이런 모습을 보이기도 전에 하나님께서 그를 택하셨다는 것입니다. 하나님께서 그를 긍휼히 여기셨다는 점입니다. 모세는 어떠했습니까? 그가 부르심을 받았을 때 뒤로 꽁무니를 뺐습니다. 자기의 부족한 점, 말을 잘하지 못한다는 점을 계속 주장했습니다. 그런 그가 정말로 위대한 목자로 살았습니다. 그가 인간성이 위대했기 때문입니까? 오직 하나님의 긍휼 때문입니다.

제12강 하나님의 참 백성

우리에게 이 메시지를 전하고 있는 바울 사도는 어떠했습니까? 그 또한
오직 하나님의 긍휼로 세우심을 입었습니다. 그는 예수님을 믿기 전에는
비방자요 박해자요 폭행자였습니다. 하지만 그런 그가 도리어 긍휼을 입
은 것은 믿지 아니할 때 알지 못하고 행하였을 때였습니다(딤전 1:13). 그
긍휼을 깨달은 그는 고백했습니다. "그러나 내가 나 된 것은 하나님의 은
혜로 된 것이니 내게 주신 그의 은혜가 헛되지 아니하여 내가 모든 사도보
다 더 많이 수고하였으나 내가 한 것이 아니요 오직 나와 함께 하신 하나
님의 은혜로라"(고전 15:10).

오늘 우리는 어떠합니까? 하나님의 백성으로 선택받을만한 인간 조건
을 갖춘 사람이 있습니까? 태어날 때부터 하나님 나라 시민권을 갖고 태
어난 사람이 있습니까? 그 누구도 뭔가 있어 보여도 다 상대적 기준에 불
과합니다. 하나님의 기준으로 보면 그 누구도 하나님의 아들딸이 자동으
로 될 수 없습니다. 물론 상대적으로 보면 우리는 세상 사람과는 다른 점
이 있습니다. 이 어려운 시국에도 마음으로 예배하고, 하나님의 아들딸로
서, 즉 세상의 소금과 빛으로 살려고 애를 쓰고 있습니다. 그래서 우리는
나름 자긍심을 품고 있습니다. 하지만 우리가 어떤 경우에도 잊어서는 안
될 점은 내가 헌신해서 하나님의 참 아들딸이 된 것은 아니라는 것입니다.
하나님께서 우리를 먼저 선택하셨고 긍휼히 여기셨다는 점입니다. 헌신의
뿌리가 내 의지에 있지 않고 하나님의 긍휼에 있습니다.

그런데 만일 우리가 이 점을 무시하고 자신의 인간 조건을 붙들면 어떻
게 됩니까? 교만할 수 있습니다. 아니면 자의식에 빠질 수 있습니다. 우리
인간 조건은 때마다 장소마다 바뀌기 때문입니다. 내가 하나님의 아들딸
이 된 것은 내 인간 조건이 아니라, 하나님의 주권적 선택과 긍휼입니다.
세상에 얼마나 많은 사람이 있으며, 인간 조건이 괜찮은 친구들이 얼마나
많습니까? 그런 중에 나 같은 사람을 택하셔서 하나님의 참 백성으로 삼

있습니다. 이 얼마나 놀라운 긍휼입니까?

그런데 어떤 사람은 이 하나님께 따질 수 있습니다. "하나님은 왜 허물을 찾습니까? 왜 죄인, 즉 선택받지 못한 사람을 책망하십니까?" 이 질문은 하나님이 마음대로 해놓고 인간의 잘못을 책망하는 것은 옳지 않다는 뜻입니다. 그러나 누가 감히 그 뜻을 대적할 수 있습니까(19)?

왜 누구도 하나님께 따질 수 없습니까? 20절을 읽읍시다. "이 사람아 네가 누구이기에 감히 하나님께 반문하느냐 지음을 받은 물건이 지은 자에게 어찌 나를 이같이 만들었느냐 말하겠느냐." '지음을 받은 물건'은 우리이고, '지은 자'는 하나님이십니다. 사람은 피조물에 불과하고, 하나님은 우리를 만드신 분, 창조주이십니다. 피조물이 창조주께서 하시는 일을 판단하는 것은 주제넘은 일입니다. 피조물인 사람이 창조주 하나님께 마땅히 해야 할 일은 무엇입니까? 자기의 존재, 위치를 겸손히 인정하는 것입니다.

창조주의 권한이 어느 정도입니까? 토기장이, 즉 도예가와 진흙의 관계로 비유할 수 있습니다(21). 도예가는 진흙 한 덩이로 용도에 따라 하나는 귀히 쓸 그릇을, 다른 하나는 천히 쓸 그릇을 만들 권리가 있습니다. 그런데 어떤 그릇이 도예가에게 "왜 날 이렇게 만들었습니다?"라고 도전할 수 없습니다.

하나님의 렌즈로 볼 때 어떤 두 종류의 사람이 있습니까? 진노의 그릇과 긍휼의 그릇이 있습니다. '진노의 그릇'이란 하나님의 진노를 받을 바로 같은 사람입니다. 그런데 하나님은 그런 바로조차도 오래 참으셨습니다(22). 한편 영광 받기로 준비하신 '긍휼의 그릇'이 있습니다. 그 긍휼의 대상에게는 풍성하신 영광을 알리고자 하십니다(23). 하나님은 어떤 사람을 멸망을 위한 '진노의 그릇'으로, 어떤 사람을 영광을 알리는 '긍휼의 그릇'으로 만드셨습니다. 하나님께서 이 두 인생에 대하여 각자 나름대로 일하신다고 해서 누가 항의할 수 있습니까?

그러면 긍휼의 그릇은 누구입니까? 24절을 읽읍시다. "이 그릇은 우리니 곧 유대인 중에서뿐 아니라 이방인 중에서도 부르신 자니라." 그 긍휼의 그릇은 바로 우리입니다. 하나님께서 부르신 사람입니다. 그 사람은 유대인뿐만 아니라 이방인 중에도 있습니다.

그 근거를 어디에서 찾을 수 있습니까? 호세아 선지자의 예언에서 찾을 수 있습니다. 호세아 시대 때 이스라엘은 종교 혼합주의에 빠졌습니다. 그들은 마치 '바람난 아내'처럼 여호와를 섬기면서 다른 신도 섬겼습니다. 그들은 무늬만 하나님의 백성이었지 속은 아니었습니다. 하지만 하나님은 당신의 백성이 아닌 사람을 '내 백성'으로, 사랑하지 않던 그 백성을 '사랑하는 백성'으로 삼고자 하셨습니다. 그리고 마침내 그 약속을 지켰습니다 (25-26). 하나님은 당시 로마교회에서도 그분의 아들딸로 삼을 수 없는 것처럼 보이는 사람에게 긍휼을 베푸셔서 당신의 아들딸로 삼으셨습니다.

또 이사야 선지자가 이스라엘에 관하여 무엇을 말했습니까? "그들의 수가 비록 바다의 모래 같을지라도 남은 자만 구원을 받으리라"(27). 이스라엘이라고 해서 모두 구원받는 것이 아니라 남은 자만이 구원을 받습니다. 남은 사람은 하나님께서 긍휼을 베푸신 사람이고, 하나님의 '찐' 아들딸입니다. 주님은 그 약속을 오늘 로마교회에서 속히, 그리고 온전히 이루십니다(28).

이 하나님은 어떤 분입니까? 29절을 읽읍시다. "또한 이사야가 미리 말한 바 만일 만군의 주께서 우리에게 씨를 남겨 두지 아니하셨더라면 우리가 소돔과 같이 되고 고모라와 같았으리로다 함과 같으니라." 하나님은 소돔과 고모라를 심판하셨습니다(창 19:28). 왜냐하면, 그들의 죄 때문이었습니다. 그들 중에 의인 열 명이 없었기 때문이었습니다(창 18:32). 그런데 하나님은 이사야 때 이스라엘을 소돔과 고모라처럼 완전히 심판하지 않으셨습니다. 그 씨를 남겨 두셨습니다. 왜냐하면, 하나님께서 그들에게 긍휼을 베푸셨기 때문입니다. 하나님은 그 씨를 통해 새 역사를 시작하고자 하셨습니다. 이 하나님은 로마 시대 때는 물론이고, 오늘도 그 씨를 친히 남겨 두십니다.

하나님의 참 백성은 누구입니까? 하나님께서 주권적으로 선택한 사람입니다. 하나님께서 긍휼을 베푸신 사람입니다. 하나님께서 나 같은 사람을 주권적으로 선택하시고 긍휼을 베푸셔서 하나님의 참 아들딸로 삼으시니 감사합니다. 이 시대의 남은 자요, 성경 교사와 목자로 살기를 기도합니다.

제13강
신앙고백

◇ 본문 로마서 9:30-10:15
◇ 요절 로마서 10:9
◇ 찬송 94장, 150장

우리는 다음과 같은 질문을 스스로 할 때도 있고, 받을 때도 있습니다. "나는 무엇을 믿는가?" "내 신앙의 근거는 무엇인가?" 우리의 대답은 무엇입니까?

첫째, 믿음에서 난 의(9:30-33)

9:30을 봅시다. "그런즉 우리가 무슨 말을 하리요 의를 따르지 아니한 이방인들이 의를 얻었으니 곧 믿음에서 난 의요." 이스라엘 대다수는 구원받지 못하고 진노의 그릇이 되었습니다. 그들이 그리스도의 복음을 믿지 않았기 때문입니다. 그런데 하나님을 모르고 언약 밖에서 살았던 이방인이 의를 얻었습니다. 그들은 예수님을 믿었기 때문입니다. 하나님은 그들의 믿음을 보시고 의롭다고 인정하셨습니다. '의'는 하나님과 바른 관계입니다. 하나님과 바른 관계를 맺으면 하나님의 아들딸이 됩니다. 이방인이 하나님과 바른 관계를 맺고, 아들딸이 된 것, 즉 그들의 의는 믿음에서 난 '의'입니다.

이스라엘의 문제는 무엇입니까? 31절입니다. "의의 법을 따라간 이스라엘은 율법에 이르지 못하였으니." 그들도 하나님과 바른 관계를 맺고자 했습니다. 그들도 하나님의 아들딸이 되려고 했습니다. 그런데 그들은 율법을 따랐습니다. 그들은 율법대로 산다고 했지만, 율법이 요구하는 수준에 이르지 못했습니다.

어찌하여 그렇게 되었습니까? 32절입니다. "어찌 그러하냐 이는 그들이 믿음을 의지하지 않고 행위를 의지함이라 부딪칠 돌에 부딪쳤느니라." 그들은 믿음을 의지하지 않고 행위를 의지했습니다. 그 결과 그들은 부딪칠 돌에 부딪쳤습니다. '부딪칠 돌'은 '예수님'을 말합니다. 그들은 예수님을 보고도 믿지 않았습니다. 그들은 오히려 예수님을 배척했습니다. 그런 그들에게 예수님은 걸림돌이 되었습니다. 예수님은 그들을 구원하러 왔는데, 그들은 예수님을 믿지 않음으로 구원에서 탈락했습니다. 예수님은 그들에게 구원자가 아닌 심판자가 되셨습니다. 그들은 성경보다 고정관념에 사로잡혀 믿음 대신 행위를 의지했기 때문입니다.

이 사실을 성경은 어떻게 예언했습니까? 33절을 읽읍시다. "기록된 바 보라 내가 걸림돌과 거치는 바위를 시온에 두노니 그를 믿는 자는 부끄러움을 당하지 아니하리라 함과 같으니라." '걸림돌', '거치는 바위'는 예수님을 가리키는데, 예수님의 심판을 상징합니다. 그 돌은 본래 이스라엘에 대한 구속의 상징이었습니다. 그러나 그들이 예수님을 믿지 않음으로 구원의 상징이 심판의 상징으로 바뀌었습니다. 그 심판이 시온, 즉 예루살렘에서 일어났습니다. 혈통적으로 하나님의 백성이라고 주장했던 이스라엘은 심판을 받았습니다.

하지만 그분을 믿는 자는 부끄러움을 당하지 않습니다. 비록 혈통적으로 이방 사람일지라도 그분을 믿는 자는 구원을 받습니다. 심판과 구원의 기준은 혈통이 아니라 믿음입니다. 그 점에서 우리는 기독교를 '믿음의 종교'라고 부릅니다. 사도는 이런 현실 앞에서 무엇을 합니까?

둘째, 믿음의 말씀(10:1-8).

10:1을 봅시다. "형제들아 내 마음에 원하는 바와 하나님께 구하는 바는 이스라엘을 위함이니 곧 그들로 구원을 받게 함이라." 사도는 동족 이스라엘이 구원받기를 간절히 기도합니다. 그는 동족이 구원받지 못하는 것을 안타까워합니다.

그들은 왜 구원받지 못했습니까? 2절을 읽읍시다. "내가 증언하노니 그들이 하나님께 열심이 있으나 올바른 지식을 따른 것이 아니니라." 여기서 '열심'은 '시기심에 불타서 하나님을 섬기는 열심', 즉 '질투심'을 말합니다. 그들은 하나님을 섬기는 데 열심이 넘쳤습니다. 하나님 외에는 그 어떤 신에게도 마음과 눈을 돌리지 않을 정도로 섬겼습니다.

그런데 그 열심은 올바른 지식에서 나온 것이 아닙니다. 여기서 '지식'은 '하나님의 마음', '하나님의 뜻', '하나님의 인도하심' 등을 아는 것을 말합니다. 그들은 하나님을 열심히 섬겼지만, 하나님의 마음도 뜻도 인도하심도 몰랐습니다. 그러니까 그들은 맹목적으로, 자기중심으로 섬긴 것입니다.

그 결과는 무엇입니까? 3절입니다. "하나님의 의를 모르고 자기 의를 세우려고 힘써 하나님의 의에 복종하지 아니하였느니라." 그들은 하나님께서 세우신 의, 즉 올바른 관계성을 맺는 길을 깨닫지 못했습니다. 그들은 자기 나름의 방법을 세우려고 하면서 하나님의 방법을 따르지 않았습니다. 하나님께서 세우신 의는 그리스도를 믿는 것입니다.

그리스도는 누구십니까? 그리스도는 모든 믿는 자에게 의를 이루기 위하여 율법의 마침이 되셨습니다(4). 그리스도는 믿는 모든 사람이 하나님한테 의롭다는 인정을 받게 하려고 율법을 완성하셨습니다. 그러므로 누구든지 그리스도를 믿으면 율법대로 살 수 있습니다. 율법의 핵심인 하나님을 사랑하고 이웃을 사랑할 수 있습니다. 그리스도께서 모든 믿는 자가 율법을 지키도록 인도하시기 때문입니다. 따라서 예수님을 믿는 믿음에 기초한 열심이 바른 열심입니다.

그러면 율법에 근거한 의는 무엇입니까? 모세는 율법에 근거한 의를 두고 이렇게 기록했습니다. "율법으로 말미암는 의를 행하는 사람은 그 의로 살리라"(5). 율법을 행한 사람은 그것으로 살 것입니다. 하지만 연약한 육신을 가진 사람은 아무리 열심히 해도 율법을 지킬 수 없습니다. 그래서 믿음이 필요합니다.

따라서 믿음으로 말미암는 의는 무엇을 하지 말라고 합니까? 6절입니다. "믿음으로 말미암는 의는 이같이 말하되 네 마음에 누가 하늘에 올라가겠느냐 하지 말라 하니 올라가겠느냐 함은 그리스도를 모셔 내리려는 것이요." 믿음으로 말미암는 의는 마음속으로 '누가 저 높은 하늘까지 올라갈 것이냐?'라고 말하지 않는 것입니다. 그리스도를 모셔 내리기 위해서 하늘까지 올라갈 필요가 없기 때문입니다. 또 '누가 무저갱에 내려가겠느냐?'라고 말하지 않는 것입니다. 그리스도를 죽은 자 가운데서 모셔 올릴 필요가 없기 때문이다(7).

그런데도 왜 어떤 사람은 하늘에 올라가거나 무저갱에 내려가려고 합니까? 그들은 하나님께 열심은 있지만, 올바른 지식을 따르지 않기 때문입니다(2). 그들은 하나님의 의를 모르고 자기 의를 세우려고 하기 때문입니다(3). 그들은 자기 노력으로 그리스도를 만나려고 하기 때문입니다. 그러나 그런 노력으로는 그리스도를 만날 수 없습니다. 그런 노력은 헛수고에 불과합니다.

그러면 무엇을 말합니까? 8절을 읽읍시다. "그러면 무엇을 말하느냐 말씀이 네게 가까워 네 입에 있으며 네 마음에 있다 하였으니 곧 우리가 전파하는 믿음의 말씀이라." 말씀은 로마교회에 가까이 있습니다. 그들 입에 있고, 그들 마음에 있습니다. 그 말씀은 사도를 비롯한 전도자가 그들에게 전파하는 믿음의 말씀입니다. 말씀은 하늘이나 무저갱과 같이 먼 곳에 있지 않습니다. 우리의 입과 마음에 있어 언제든지 쉽게 믿을 수 있습니다. 따라서 당시 교회는 물론이고 오늘 우리도 그리스도를 만나려고, 또는 믿기 위해 하늘로 올라갈 필요도 없고 지하 세계로 내려갈 필요도 없습니다. 내가 이미 받은 그 말씀을 믿으면 됩니다. 말씀을 멀리하고 자기 나름대로 열심을 내고 극성을 피워봐야 아무 소용이 없습니다. 기독교는 '행위의 종교'가 아니라, '믿음의 종교'이고 '말씀의 종교'입니다. 우리는 어떻게 구원을 받았습니까?

셋째, 예수님을 주님으로 고백(10:9-15)

9절을 읽읍시다. "네가 만일 네 입으로 예수를 주로 시인하며 또 하나님께서 그를 죽은 자 가운데서 살리신 것을 네 마음에 믿으면 구원을 받으리라." '시인한다'라는 말은 '고백한다'라는 뜻입니다. 그것은 입으로 예수님을 주님으로 고백하는 것을 말합니다. 또 다른 사람에게 내가 예수님의 사람이라는 정체성을 밝히는 것을 말합니다. 우리가 하나님께서 예수님을 죽은 자 가운데서 살리신 것을 마음에 믿으면 구원받습니다. 우리는 마음으로 믿어 의에 이르고 입으로 시인하여 구원에 이릅니다(10). 믿으면 고백할 수 있고, 고백하면 구원받습니다.

여기서 볼 때, 믿음과 고백, 그리고 구원의 관계가 어떠합니까? 믿음, 고백, 그리고 구원을 분리할 수 없습니다. '3종 세트'처럼 통합적으로 이루어집니다. 하나님이신 예수님은 사람의 몸을 입고 세상에 오셔서 우리 죄를 위해 십자가에서 죽으셨습니다. 그리고 다시 살아나사 하나님 나라로 가셔서 그곳에서 우리를 다스리십니다. 때가 되면 다시 오셔서 심판과 구원을 이루십니다. 누구든지 그분을 마음으로 믿고 고백하면 구원받습니다. 그래서 우리는 기독교를 '고백의 종교'라고 말합니다. 그리고 그것을 '신앙고백', 또는 '신경(creed)'이라고도 부릅니다.

대표적인 신경으로는 '사도신경(Apostles' Creed)'과 '웨스트민스터 신앙고백(The Westminster Confession of Faith)'이 있습니다. 사도신경은 우리가 매주 예배 때 고백하는 것으로 교회 공동체에서 기본적으로 믿어야 할 교리를 요약 정리한 것입니다. 2세기 무렵 이단 사상이 나타나서 기독교 신앙을 정립하려고 교회가 만든 것인데, 오늘에 이르렀습니다. 1643년 영국 교회가 공통으로 따를 수 있는 교리를 만들려고 교회 지도자들이 웨스트민스터 성당에 모였습니다. 그 회의에서 신앙고백서를 만들었는데, 오늘 장로교회 대부분은 그 고백을 따릅니다. 그 외에 몇 개의 신앙고백서가 더 있습니다.

왜 교회는 그런 신앙고백서를 만들어서 고백하도록 할까? 신앙고백이 중요하기 때문입니다. 왜 신앙고백이 중요합니까? 신앙고백은 예수님의 사람으로서 정체성을 지키게 합니다. 신앙고백은 내 믿음을 삶으로 나타내는 과정입니다. 신앙이 내 안에만 머물러 있으면 '곰팡이의 경건'이 될 수 있습니다. 머리 중심의 신앙은 건강하게 자랄 수 없습니다. 내 믿음을 고백해 삶으로 나타낼 때 '품격 있는 신자', '건강한 공동체'로 자랄 수 있습니다.

저는 한국교회와 세상과의 관계를 보면서 안타까운 마음이 큽니다. 왜냐하면, 한국교회가 요즘처럼 세상으로부터 인정받지 못할 때도 없었을 것이라는 생각 때문입니다. 그 문제의 원인을 어디에서 찾아야 합니까? 세상에서 찾아야 합니까? 아니면 우리 교회에서 찾아야 합니까? 세상보다는 우리 교회에서 찾아야 합니다. 물론 제가 볼 때, 세상에 알려지지 않은 '품격 있고 건강한 교회'도 참 많습니다. 다만 그렇지 못한 교회가 세상에 더 알려진 점도 있습니다. 다시 말하면 세상에서 성도로서 자기 정체성을 지키지 못하고, 자기 믿음을 공개적으로 실천하지 못한 일부 사람이 전체 교회를 대변한다는 점이 문제입니다. 신앙고백을 하지 않으면서도 '난 책임을 다했다. 할 만큼 했다.'라고 생각하는 기독교인이 문제입니다. 우리가 '무엇을 믿느냐'도 중요하지만, 그 믿음으로 '어떻게 사느냐'는 더 중요합니다. '믿음'이 단어로만 존재하면 그것은 죽은 믿음입니다. 신앙고백으로 나타나는 믿음, 즉 삶에서 살아 있는 믿음이 나를 변하게 하고, 캠퍼스와 세상을 변하게 합니다.

우리는 '코로나 19'와 함께하는 시대에 적응하고 있습니다. 그중 대표적인 일이 마스크를 쓰는 것입니다. 우리처럼 마스크를 잘 쓰는 나라는 없어 보입니다. 그뿐만 아니라 우리 교회는 '비대면 예배'에 적응하고 있습니다. 물론 어떤 분은 '대면 예배'에 참석하고서 이런 말을 했다고 합니다. "이제야 살 것 같다. 마스크를 쓰고 숨이 막혔는데, 이제는 시원한 바람을 맞는 것 같다." 하지만 대부분 교인은 '비대면 예배'에 길들어가고 있습니다. '비대면 예배' 자체가 문제가 아니라, '비대면 예배'의 한계가 나타나는 것이 문제입니다. 그것은 신앙의 안일이고, 역동성이 약해지는 것입니다. 예배가 삶의 중심이 아니라 삶의 한구석으로 밀려나는 것이 심각성의 뿌리입니다. 이 한계를 극복해야 세상의 소금과 빛으로 살 수 있습니다.

우리는 이런 현실에서 예배 시간을 둘로 나눠서 충분한 공간을 확보하여 '대면 예배'를 하면 좋겠습니다. 동역자끼리 함께 밥을 먹을 수는 없지만, 얼굴을 보면서 대화하고 공동체성을 지키는 일은 필요하기 때문입니다. 그것이 삶의 신앙고백이 아닐까? 삶의 신앙고백은 나를 살리고 교회를 살리고, 세상을 살립니다.

그 근거를 성경에서 찾을 수 있습니까? 11절입니다. "성경에 이르되 누구든지 그를 믿는 자는 부끄러움을 당하지 아니하리라 하니." 이사야 선지자도 "믿는 자는 부끄러움을 당하지 않는다."라고 증언했습니다(사 28:16). 하나님은 그 약속을 유대인이나 헬라인이나 차별 없이 주셨습니다. 한 분이신 주님께서 모든 사람의 주님이 되셔서 그를 부르는 모든 사람을 부요하게 하십니다(12). 그러므로 누구든지 주님의 이름을 부를 사람은 구원을 받습니다(13). 물론 여기서 '부른다'라는 말은 '주님의 이름으로 예배하고, 기도하는 사람'을 뜻합니다. 누구든지 예수님의 이름으로 예배하고, 기도하면 구원받습니다.

그런데 그 일이 일어나려면 누가 있어야 합니까? 14절을 읽읍시다. "그런즉 그들이 믿지 아니하는 이를 어찌 부르리요 듣지도 못한 이를 어찌 믿으리요 전파하는 자가 없이 어찌 들으리요." 믿지 않는 분의 이름을 부를 수 없고, 들어보지도 못한 분을 믿을 수 없습니다. 말씀을 전하는 사람이 없으면 들을 수 없습니다. 말씀을 들어야 믿을 수 있고, 믿어야 부를 수 있습니다. 말씀을 듣는 것이 중요합니다. 그런데 들으려면 말씀을 전파하는 사람이 있어야 합니다. 말씀을 전파하는 사람이 중요합니다.

그러면 전파자는 어떻게 전파합니까? 15절도 읽읍시다. "보내심을 받지 아니하였으면 어찌 전파하리요 기록된 바 아름답도다 좋은 소식을 전하는 자들의 발이여 함과 같으니라." 전파자는 성령님께서 세상으로 보낸 사람입니다. 그들은 말씀을 통해 예수님을 믿고 고백한 사람입니다. 성령님은 그 사람을 세상에 보내십니다. 이것은 생명 사역을 이루는 순환의 과정입니다. 부모가 자식을 낳으면 그 자식이 자라서 부모가 됩니다. 부모가 되면 또 자식을 낳습니다. 생명 사역의 순환은 자식을 낳는 일로부터 시작합니다. 영적 생명 사역의 순환은 복음 전파로부터 시작합니다. 복음전파는 발로부터 시작합니다. 일찍이 이사야는 이렇게 말했습니다. "좋은 소식을 전하는 사람의 발이 얼마나 아름다운가!"

그들의 발은 왜 아름답습니까? 발을 통해서 좋은 소식을 전하기 때문입니다. 가만히 앉아 있어서는 역사가 일어나지 않습니다. 발로 그 좋은 소식을 전파하니 생명이 살아납니다. 생명을 살리는 일처럼 아름다운 일이 있겠습니까? 전파자의 발의 아름다움을 아무리 강조해도 부족함이 없습니다. 우리는 그 아름다운 발의 주인공을 '목자'라고 부릅니다. 부모 없이 자식이 태어날 수 없듯이, 목자 없이 태어난 양도 없습니다. 누군가가 나에게 말씀을 전파하느라 발바닥에 땀을 흘렸기에 오늘 나는 이만큼 자랐습니다. 그러면 오늘 나는 무엇을 해야 합니까?

　내 신앙의 근거는 무엇입니까? 믿음에서 난 의이며, 믿음의 말씀입니다. 그리고 예수님을 주님으로 고백하는 신앙고백입니다. 우리의 예배와 삶을 통해 내 신앙의 근거를 굳게 하여 교회가 세상에 영향력을 끼칠 수 있기를 기도합니다.

제14강
남은 자

◇ 본문　로마서 10:16-11:10
◇ 요절　로마서 11:5
◇ 찬송　459장, 463장

'완전히 소중한 남자'를 줄여 이르는 말로 '완소남'이 있습니다. 외모와 몸매는 말할 것도 없고 마음마저 고운, 완벽한 남자를 이르는 말입니다. 물론 '완전히 소중한 여자'를 줄여 이르는 말로 '완소녀'도 있습니다. 그런데 믿음의 세계에도 이처럼 소중한 사람이 있습니다. 어떤 사람입니까?

하나님은 과거에도 현재도 많은 전파자를 보내셨습니다. 그러나 모든 사람이 다 복음을 영접하는 것은 아닙니다. 특히 대다수의 이스라엘은 복음을 순종하지 않았습니다. 그런데 그 사실을 이미 이사야 선지자가 예언했습니다(10:16). 이사야 시대 때도 선지자가 전한 말씀을 믿지 않은 사람이 많았기 때문입니다(사 53:1).

믿음은 어떻게 생깁니까? 10:17을 읽읍시다. "그러므로 믿음은 들음에서 나며 들음은 그리스도의 말씀으로 말미암았느니라." 믿음은 들음에서 납니다. 믿음은 율법을 통한 행위에서 생기지 않고 말씀을 들을 때 생깁니다. 그 말씀은 그리스도를 전하는 말씀, 즉 복음입니다. 누구든지 복음을 들으면 믿음이 생깁니다. 따라서 말씀을 듣는 것이 중요합니다.

그런데 그들은 왜 듣지 않았습니까? 자기 생각, 고정관념에 사로잡혔기 때문입니다. 말씀을 들으려면 자기 생각, 고정관념을 버려야 합니다. 자기 생각을 주장하는 사람일수록 성경 공부를 잘하지 못합니다. 예배 때 메시지를 영접하지 못합니다. 반면 자기를 비우는 사람은 말씀을 잘 받습니다. 말씀을 잘 받으면 삶이 변합니다. 말씀 앞에서 '경청(敬聽, 공경하는 마음으로 들음, listening courteously)'의 자세가 정말로 중요합니다.

이런 말이 있습니다. "말을 배우는 데는 2년이 걸리지만 경청하는 데는 60년이 걸린다." 그만큼 듣기가 쉽지 않다는 뜻입니다. 우리는 자기주장이 강한 세상에서 살고 있습니다. 많은 정보와 높은 학력 때문입니다. 또 듣기만 하다가는 자기 몫을 챙기지 못하고 손해 보기 때문일 것입니다. 그래서 "목소리 큰 놈이 이긴다."라는 말이 있습니다. 하지만 믿음의 세계는 다릅니다. 목소리가 큰 사람보다는 말씀을 잘 듣는 사람이 이깁니다. 말씀을 경청하면 믿음이 생기기 때문입니다.

그러면 그들은 말씀을 듣지 못했다고 핑계할 수 있습니까? 아닙니다. 왜냐하면, 그 소리가 온 땅에 퍼졌고, 그 말씀이 땅끝까지 이르렀기 때문입니다(18). 그들은 듣지 못하여 믿지 못한 것이 아닙니다. 그들은 말씀을 들었는데도 믿지 않았습니다. 따라서 그들은 듣지 못했다고 핑계할 수 없습니다. 복음을 들었는데도 순종하지 않았다면, 그에 대한 응당한 대가인 심판을 피할 수 없습니다.

그러나 심판 앞에서 사도는 다시 묻습니다. "이스라엘이 알지 못한 것인가?" 만일 이스라엘이 복음을 들었는데도 깨닫지 못하여 믿지 않았다면 할 말이 없습니다. 그러나 하나님께서 이에 대해 모세에게 먼저 말씀하셨습니다. "내가 백성 아닌 자로써 너희를 시기하게 하며 미련한 백성으로서 너희를 노엽게 하리라"(19). 이 말씀은 신 32:21의 인용입니다. 이스라엘은 하나님이 아닌 것으로 그분의 질투를 일으켰습니다. 그러자 하나님도 이방 사람을 통하여 이스라엘을 시기 나게 했습니다. 왜냐하면, 그들은 알면서도 영접하지 않았기 때문입니다.

하나님은 그들을 어떻게 시기 나게 하십니까? 20절을 봅시다. "이사야는 매우 담대하여 내가 나를 찾지 아니한 자들에게 찾은 바 되고 내게 묻지 아니한 자들에게 나타났노라 말하였고." 이사야 선지자는 매우 담대하게 말씀을 전했습니다. 하지만 이스라엘은 하나님을 찾지 않았습니다. 하나님은 당신을 찾지 않고, 묻지 않은 이방 사람에게 나타나셨습니다. 그리하여 유대인을 시기 나게 하셨습니다.

그러나 이스라엘을 향한 하나님의 마음은 어떠합니까? 21절을 읽읍시다. "이스라엘에 대하여 이르되 순종하지 아니하고 거슬러 말하는 백성에게 내가 종일 내 손을 벌렸노라 하였느니라." 하나님은 순종하지 않고 거역하는 백성에게 온종일 손을 내미셨습니다. 하나님은 그 백성을 오래 참으시고 변함없이 사랑하십니다. 하나님의 오래 참음과 사랑은 이사야 시대의 사람은 물론이고 바울 시대의 유대인에게도 똑같습니다.

그분은 집 나간 아들을 기다리는 아버지와 같습니다. 어떤 아버지에게 두 아들이 있었는데, 작은아들이 아빠의 사랑을 무시하고 집을 나갔습니다. 하지만 아버지는 그 아들이 돌아오기를 기다리고 기다렸습니다. 마침내 그 아들이 돌아오자 동구 밖까지 나가서 맞이하고 큰 잔치를 열었습니다(눅 15:11-24). 그 아버지가 곧 우리 하나님 아버지이십니다.

그러므로 하나님께서 자기 백성을 버리셨습니까? 그럴 수 없습니다. 이스라엘은 하나님의 오래 참으심과 사랑을 거부했는데도, 하나님은 그들을 버리지 않으셨습니다. 그 증거가 무엇입니까? 바울이 정통파 이스라엘 사람이고, 아브라함의 후손이고, 베냐민 지파에 속한 것입니다(11:1). 그런 바울이 하나님께서 이스라엘을 버리지 않으셨다는 첫 번째 증거입니다.

두 번째 증거는 무엇입니까? 11:2를 봅시다. "하나님이 그 미리 아신 자기 백성을 버리지 아니하셨나니 너희가 성경이 엘리야를 가리켜 말한 것을 알지 못하느냐 그가 이스라엘을 하나님께 고발하되" 하나님은 미리 아신 자기 백성을 버리지 않았습니다. 하나님은 이스라엘의 연약함과 완악함을 아셨습니다. 그런데도 하나님은 그들을 자기 백성으로 선택하셨습니다. 그들이 신실하지 못했다고 해서 하나님의 신실하심이 사라지는 것은 아닙니다. 하나님은 택하신 자기 백성에게 영원히 신실하십니다.

어디에서 확인할 수 있습니까? 엘리야 선지자 때로 올라갑니다. 당시 이스라엘은 바알도 섬기고 여호와도 섬겼습니다. 즉 종교 혼합주의에 빠졌습니다. 엘리야는 그런 이스라엘을 하나님께 고발했습니다. '주여, 그들이 주님의 선지자들을 죽였고, 주님의 제단을 헐어버렸습니다. 오직 나만 남았는데, 내 목숨도 찾습니다'(3). 엘리야는 바알을 섬기는 아합왕이 자기와 함께했던 선지자 모두를 죽이고, 주님의 제단을 헐어버렸음을 토로합니다. 그들이 하나님 대신 바알을 섬기니 성전의 존재 의미도 사라졌습니다(왕상 19:14). 그는 외로운 싸움을 싸웠지만, 자기만 남았다고 생각했습니다. 동역자가 아무도 없다고 생각했습니다.

하나님께서 그에게 하신 대답은 무엇입니까? 11:4를 읽읍시다. "그에게 하신 대답이 무엇이냐 내가 나를 위하여 바알에게 무릎을 꿇지 아니한 사람 칠천 명을 남겨 두었다 하셨으니." 엘리야는 자기 혼자만 남았다고 울상인데, 하나님은 칠천 명을 남겨 두셨습니다. 칠천 명이 하나님께 대한 믿음을 지킨 것이 아니라, 하나님께서 그들의 믿음을 지켜주신 것입니다. 하나님께서 당신을 위하여 그들을 남기신 것입니다. 이것은 자기 백성에 대한 하나님의 신실하심을 보여줍니다. 변함이 없으신 하나님의 사랑을 보여줍니다.

그러면 그분의 신실한 사랑은 끝났습니까? 아니면 지금도 있습니까? 5절도 읽읍시다. "그런즉 이와 같이 지금도 은혜로 택하심을 따라 남은 자가 있느니라." 하나님은 엘리야 시대 때 칠천 명을 남기셨던 것처럼, 지금도 당신을 위해서 몇 사람을 남기십니다. 그 사람을 '남은 자'라고 부릅니다. 하나님은 어떻게 남은 자를 남기십니까? 하나님은 은혜로운 선택으로 남기십니다. 따라서 남은 자로 남는 것은 정말로 은혜입니다.

시대마다 은혜로 택하셔서 남은 자로 남기신 하나님은 어떤 분입니까? 그분은 은혜로운 분입니다. 왜냐하면, 우리의 행위를 보고 선택하신 것이 아니고 당신의 은혜로 우리를 선택하셔서 남은 자로 만드셨기 때문입니다. 또 그분은 신실하신 분입니다. 왜냐하면, 당신이 하신 약속을 오늘도 지키시기 때문입니다. 그분은 이사야 시대, 엘리야 시대, 그리고 로마 시대에도 계속해서 일하십니다.

당시 로마는 겉으로는 "로마의 평화(*Pax Romana*)"를 외쳤지만, 속으로는 피바람을 일으켰습니다. 네로(Nero, 37-68) 황제는 자신의 탐욕을 채우기 위해서 기독교인을 희생양으로 삼았습니다. 기독교인은 살기가 너무 힘들어 믿음을 버리거나 땅속으로 숨었습니다. 겉으로 볼 때 기독교인은 사라져버린 것처럼 보였습니다. 그런데 바울은 말합니다. "지금도 은혜로 택하심을 따라 남은 자가 있느니라." 거대한 로마 세력 앞에 무릎을 꿇지 않고 믿음의 중심을 지킨 사람이 있습니다. 아니 하나님께서 당신을 위해 남기신 사람이 있습니다.

오늘 우리나라와 캠퍼스는 어떠합니까? 우리가 겉만 보면 기독교가 힘을 쓰지 못합니다. 언론은 이단 사이비의 모습을 비춰주는데, 정통 기독교와의 뚜렷한 차이를 말하지 않습니다. 이런 외적 현상만 보면 마음이 무겁습니다. 우리는 이 현실을 어떤 눈으로 바라봐야 합니까? 세상의 겉만 보면, 나만 외로운 싸움을 싸우는 것처럼 생각하여 낙심할 수 있습니다. 한때 저도 '나만 몸부림치고 다른 사람은 놀고 있다.'라고 생각한 적이 있습니다. 하지만 성경의 렌즈로 보면 정말로 헌신적인 남은 사람이 곳곳에 있습니다. 언론에 나타난 사람 보다 숨어서 헌신하는 사람이 더 많습니다. 하나님은 당신을 위해서, 세상 쾌락과 혼합주의에 무릎을 꿇지 않은 사람을 은혜로 택하셔서 남겨 두십니다.

그 증거가 무엇입니까? 바로 오늘 우리가 성경 선생이요 목자로 산다는 것입니다. 우리는 여전히 '코로나 19'와 함께 살아야 합니다. 그런 중에 예배하고 전도하는 일은 쉽지 않습니다. 그렇다고 포기할 수는 없습니다. 성경을 배우려고 하는 사람, 교회로 오려는 사람이 있기 때문입니다. 우리는 절대로 혼자가 아닙니다. 믿음의 동역자가 있습니다. 무엇보다도 우리와 함께하시는 하나님이 계십니다.

남극 탐험가로 유명한 어니스트 새클턴(Ernest Henry Shackleton, 1874-1922)이 있는데, 후일담에서 말했다고 합니다. '우리가 추위와 피곤으로 지쳐 극한 절망에 빠졌을 때, 우리 옆에 누군가가 있다는 느낌을 받았습니다. 그 한 사람 때문에 악조건 속에서도 해냈습니다.' 그 고백은 많은 사람에게 영감을 주었습니다.

그 유명한 시인 엘리엇(Thomas Stearns Eliot, 1888-1965)이 쓴 『황무지』 The Waste Land가 있습니다. 그는 제1차 세계대전을 겪으면서 세상을 '황무지'로 인식했습니다. 전쟁의 상처로 황량한 쓸쓸함이 사람의 마음을 사로잡고, 아우성과 울음소리가 거리를 감돌았습니다. 그런데 그는 "황무지" 제5장 "천둥이 한 말(What the Thunder Said)"에서 말합니다. "항상 당신 옆에서 걷고 있는 제삼자는 누구요?/ 세어 보면 당신과 나 둘 뿐인데/ 내가 이 하얀 길을 내다보면/ 당신 옆엔 언제나 또 한 사람이/ 갈색 망토를 휘감고 소리 없이 걷고 있어/ 두건을 쓰고 있어/ 남자인지 여자인지는 알 수 없으나/ 하여간 당신 곁에 있는 사람은 누구요?"

'그 한 사람'은 누구입니까? 교회는 '그 한 사람'을 우리와 함께하시는 예수님으로 읽습니다. 세상은 비록 황무지처럼 황량할지라도 그 한 사람이 함께하십니다. 세상에 나 혼자뿐이라는 생각이 들면 힘이 빠집니다. 믿음의 길을 계속 가고 싶지 않습니다. 하지만 남은 자가 있습니다. 남은 자가 있다는 사실은 하나님께서 함께하신다는 증거입니다. 그러므로 우리는 어떤 상황에서도 절망하지 않습니다. 소망을 가지고 역동적인 삶을 살 수 있습니다.

만일 남은 자가 은혜로 된 것이 아니면 어떻게 됩니까? 6절을 봅시다. "만일 은혜로 된 것이면 행위로 말미암지 않음이니 그렇지 않으면 은혜가 은혜 되지 못하느니라." 은혜로 된 것이면, 행위에 근거한 것이 아닙니다. 그들이 무슨 공로가 있어서 뽑힌 것이라면, 그 은혜는 이미 은혜가 아닙니다. 당시 유대인 대부분은 그 사실을 잊었습니다. 그러나 그 은혜를 기억하고 증언하는 사람이 있습니다.

노예선을 이끌었던 뉴턴(John Newton, 1725-1807)이 마지막 일터에서 말했습니다. "가장 무지하고 가장 비천하고 가장 무참히 버려진 노예 중의 하나였던 내가 마침내 세계 도시 중 으뜸인 이곳 런던의 목자가 되었습니다. 이것은 내가 자격이 있어서가 아닙니다. 그 크신 은혜를 증언하기 위함입니다." 그는 그 유명한 "나 같은 죄인 살리신 주 은혜 놀라워(Amazing Grace, how sweet the sound)"라는 곡을 썼습니다. 우리가 이 시대 캠퍼스의 남은 자가 된 것 또한 은혜입니다.

남은 자와 그렇지 않은 자의 삶이 어떠합니까? 대부분 이스라엘은 남은 자가 아닙니다. 남은 자가 아닌 이스라엘은 구하는 그것을 얻지 못했습니다. 그들은 구원을 기대했지만 구원받지 못했습니다. 오직 하나님의 은혜로 택하심을 받은 사람, 즉 남은 자가 구원을 얻었습니다. 따라서 '그 남은 자들', 즉 '남은 자'가 아닌 '그 나머지 사람'은 마음이 완악해졌습니다(7).

그 사실을 성경을 통해 확인할 수 있습니까? 8절을 봅시다. "기록된 바 하나님이 오늘까지 그들에게 혼미한 심령과 보지 못할 눈과 듣지 못할 귀를 주셨다 함과 같으니라." 애굽에서 나왔던 이스라엘은 여호와께서 바로와 그 모든 신하와 온 땅에 행하신 큰 시험과 이적과 큰 기사를 눈으로 똑똑히 보았습니다. 하지만 하나님은 그들에게 깨닫는 마음과 보는 눈과 듣는 귀를 주지 않으셨습니다. 그런 그들은 눈이 있어도 보지 못하고 귀가 있어도 듣지 못했습니다. 바울 시대 이스라엘이 이와 같습니다.

다윗은 그런 그들을 위해 무엇을 했습니까? 9절과 10절입니다. "또 다윗이 이르되 그들의 밥상이 올무와 덫과 거치는 것과 보응이 되게 하시옵고, 그들의 눈은 흐려 보지 못하고 그들의 등은 항상 굽게 하옵소서 하였느니라." 이 말씀은 다윗이 메시아를 대적하는 사람에게 내린 저주였습니다. '밥상'은 제사상, 곧 성전에서 속죄 제사하는 제단을 말합니다. 다윗은 그들이 지낸 제사가 오히려 올가미가 되고 패망의 자리가 되도록 기도합니다. 또 그는 그들의 눈이 흐려지고, 등을 굽게 하여 펼 날이 없도록 기도합니다.

바울 사도가 말하려는 바는 무엇입니까? 바울 당시 많은 이스라엘도 그리스도를 거부했습니다. 그들은 예수님의 십자가와 부활을 믿기보다 예루살렘 성전에서 제사를 지냈습니다. 하지만 그들이 지낸 제사가 오히려 올가미가 되고 패망하는 자리였습니다. 사도는 그들이 그 사실을 알고, 그리스도께 돌아오기를 바랍니다. 왜냐하면, 하나님은 그리스도를 믿는 남은 사람을 통해 생명 사역을 이루시기 때문입니다. 그 남은 사람이 로마교회이고, 오늘의 교회라고 할 수 있습니다.

역사학자 토인비(Arnold Joseph Toynbee, 1889-1975)는 "인류 역사를 이끌어 가는 사람은 절대다수의 군중이 아니라 창조적 소수(minority elite)이다."라고 했습니다. 그가 말하는 '창조적 소수'는 '남은 자' 사상에서 나옵니다. 하나님의 만민구속 사역은 '남은 자'를 통해서 이어집니다. 그런즉 지금도 은혜로 택하심을 따라 남은 자가 있습니다. 아니, 하나님께서 당신의 구속 사역을 위해서 이 땅에 친히 남은 자를 남겨 두십니다. 우리가 비록 쉽지 않은 세상에서 살지라도 끝까지 남은 자로 살아서 생명 사역에 쓰임 받기를 기도합니다.

제15강
자랑하지 말라

◇ 본문 로마서 11:11-36
◇ 요절 로마서 11:18
◇ 찬송 212장, 218장

누군가가 자랑에 관해 이런 말을 했습니다. "자랑은 마음속에만 머물러 있기를 싫어한다. 한참 자라는 아이를 방안에 붙들어 놓기가 쉽지 않듯이 자랑거리는 자꾸 밖으로 나가고 싶어 한다." 자랑하는 일 자체가 잘못은 아니지만, 잘못 자랑하면 큰일을 만날 수 있습니다. 우리는 믿음의 세계에서 어떻게 살아야 합니까?

첫째, 접붙임을 받은 가지(11-24)

11절을 봅시다. "그러므로 내가 말하노니 그들이 넘어지기까지 실족하였느냐 그럴 수 없느니라 그들이 넘어짐으로 구원이 이방인에게 이르러 이스라엘로 시기 나게 함이니라." 이스라엘 대부분은 예수님을 믿지 않아서 넘어졌습니다. 하지만 그들은 회복할 수 없을 정도로 실족한 것은 아닙니다. 그들이 넘어져서 구원이 이방 사람에게 갔는데, 이스라엘은 그들을 보고 시기했습니다. 이렇게 이스라엘의 넘어짐은 세상에 풍성한 복을 주었습니다. 이스라엘의 실패가 이방인에 풍성한 복을 주었다면, 그들이 구원을 받는 날에는 그 축복이 얼마나 엄청나겠습니까(12)? 이스라엘이 예수님을 믿는다면, 온 세상이 다 하나님께로 돌아올 것입니다.

따라서 이방인의 사도 바울은 이방인에게 무엇을 말합니까? 13절입니다. "내가 이방인인 너희에게 말하노라 내가 이방인의 사도인 만큼 내 직분을 영광스럽게 여기노니." 그는 이방인의 사도로서 그 직분을 영광스럽게 생각합니다. 그는 그 직분을 통해 동족에게 시기심을 일으켜서 몇 사람이라도 구원하려고 합니다(14).

그는 왜 몇 사람이라도 구원하려고 합니까? 15절을 읽읍시다. "그들을 버리는 것이 세상의 화목이 되거든 그 받아들이는 것이 죽은 자 가운데서 살아나는 것이 아니면 무엇이리요." 하나님께서 이스라엘을 버리셔서 이방 사람과 화목하셨습니다. 이방 사람을 죄에서 구원하셨고, 하나님의 아들딸로 삼으셨습니다. 그렇다면 하나님께서 이스라엘을 받아주시면 무슨 일이 일어납니까? 죽은 사람이 살아납니다. 예수님은 우리 죄를 위해 십자가에서 죽으시고 다시 살아나셨습니다. 지금은 하나님 우편에서 세상을 다스리십니다. 때가 되면 예수님은 구원과 심판을 위해 세상에 다시 오십니다. 그때 예수님 안에서 죽은 사람이 다시 살아나서 예수님과 함께 왕노릇을 합니다. 그러므로 유대인이 예수님을 믿는 그 날은 우주적이고 종말론적으로 구원을 완성하는 날입니다. 사도는 그날을 기대하며 사도의 직분을 영광스럽게 감당합니다.

사도가 그날을 소망하는 근거는 무엇입니까? 16절을 봅시다. "제사하는 처음 익은 곡식 가루가 거룩한즉 떡 덩이도 그러하고 뿌리가 거룩한즉 가지도 그러하니라." 이스라엘은 첫 수확을 하면 가장 먼저, 가장 좋은 밀가루로 떡을 만들어 하나님께 드렸습니다. 곡식 가루가 거룩하면 빵도 거룩하고, 나무의 뿌리가 거룩하면 가지도 거룩합니다.

이 비유가 의도하는 바는 무엇입니까? '곡식 가루', '뿌리' 등은 믿음의 조상 아브라함, 이삭, 야곱 등을 가리킵니다. '떡 덩이', '가지' 등은 여러 세대에 걸친 이스라엘을 말합니다. 믿음의 조상 아브라함이 거룩하니 이스라엘도 거룩합니다. 비록 그들 중 얼마가 완악해졌지만, 하나님의 거룩한 백성임이 틀림없습니다. 이스라엘은 하나님께 신실하지 못했지만, 하나님은 이스라엘에 신실하십니다. 하나님은 조상을 통하여 이스라엘에 주신 그 약속을 취소하지 않았습니다. 지금 그들의 대다수는 완악해졌지만, 언젠가는 그들이 그 약속에 참여할 것입니다. 그러므로 이스라엘의 미래는 희망이 있습니다.

그러면 이스라엘과 이방인 성도와의 관계는 어떠합니까? 17절을 읽읍시다. "또한 가지 얼마가 꺾이었는데 돌 감람나무인 네가 그들 중에 접붙임이 되어 참 감람나무 뿌리의 진액을 함께 받는 자가 되었은즉" 올리브나무 한 그루가 있는데, 그 가지 몇 개를 자르고 그 자리에 야생 올리브 나뭇가지를 접붙였습니다. 여기서 '참 감람나무'는 유대인을 말하고, '돌 감람나무'는 이방인 성도를 말합니다. 유대인이 예수님을 거절하자 그들을 잘라내고 그 자리에 이방인을 접붙였습니다. 그 접붙인 가지들은 올리브나무 원 뿌리에서 영양분을 같이 받습니다. 이처럼 이방인 성도는 유대인의 원 뿌리에서 영양분을 같이 받습니다. 이방인은 원뿌리가 아니라 접붙여진 가지입니다. 이방인은 이 사실, 이 정체성을 알아야 합니다.

이방인이 이 사실을 아는 것이 왜 중요합니까? 18절도 읽읍시다. "그 가지들을 향하여 자랑하지 말라 자랑할지라도 네가 뿌리를 보전하는 것이 아니요 뿌리가 너를 보전하는 것이니라." 이방인은 본래의 가지인 유대인을 향하여 자랑하지 말아야 합니다. 자랑하고 싶으면, "내가 뿌리를 지탱하는 것이 아니고 뿌리가 나를 지탱한다."라는 사실을 기억해야 합니다. 그러면 자랑하지 않습니다.

이방인 출신 성도는 무엇을 자랑했을까? 그들은 잘려 나간 유대인, 즉 예수님을 믿지 않은 유대인과 상대적으로 비교하며 자랑했을 것입니다. 그들은 자기가 잘나서 하나님의 아들딸이 된 것으로 착각했을 것입니다. 그들은 역사의 변두리에만 있다가 중심부로 온 것을 자랑했을 것입니다. 그들 자랑의 뿌리에는 상대적 비교의식에서 온 상대적 우월감이 자리했습니다. 하지만 그들은 유대인 앞에서 자랑해서는 안 됩니다. 왜냐하면, 그것은 접붙임을 받은 가지가 자기를 지탱해 주는 뿌리를 멸시하는 것과 같기 때문입니다.

세상에서 두루 쓰는 '3대 자랑거리'가 있다고 합니다. '학벌', '돈', 그리고 '얼굴'이라고 합니다. 그런데 어떤 교인도 이것을 본받아 세 가지를 자랑한다고 들었습니다. '교회당 크기', '교회에서 섬기는 직분', 그리고 '받은 복'입니다. 어떤 점에서 자랑은 자신의 정체성을 분명하게 하고, 그 길을 가게 하는 원동력이기도 합니다. 하지만 교회 안에서 상대적 우월감에 기초한 자랑은 공동체를 나누는 역할을 합니다. 교회의 핵심 가치인 사랑을 오염하는 바이러스와 같습니다. 그러므로 우리는 어떤 모양으로든지 믿음의 동역자와 비교하며 자랑해서는 안 됩니다.

그러면 이방인 성도는 어떻게 해야 합니까? 19절과 20절을 읽읍시다. "그러면 네 말이 가지들이 꺾인 것은 나로 접붙임을 받게 하려 함이라 하리니, 옳도다 그들은 믿지 아니하므로 꺾이고 너는 믿으므로 섰느니라 높은 마음을 품지 말고 도리어 두려워하라." 이방인은 이렇게 말할 수 있습니다. "하나님은 유대인이 믿지 않자 이방인을 믿도록 하셨다." 그 말은 맞습니다. 유대인은 예수님을 믿지 않아서 잘렸습니다. 이방인은 예수님을 믿어서 그 자리에 붙어 있습니다. 그러므로 이방 성도는 어떻게 살아야 합니까? 높은 마음을 품지 말고 도리어 두려워하는 마음을 품어야 합니다.

이 말씀이 당시 로마교회에 주는 의미는 무엇입니까? 그곳에는 유대인 출신 성도와 이방인 출신 성도가 함께 있었습니다. 그들은 서로를 인정하고 영접하기보다는 '내가 잘났다'라며 높은 마음을 품기 쉬웠습니다. 서로에 대해 서로 높은 마음을 품으면 하나가 될 수 없습니다. 교회의 생명력을 나타낼 수 없습니다. 교회가 세상을 향해 소금과 빛으로 살려면, 복음을 증언하는 삶을 살려면 높은 마음 대신에 낮은 마음을 품어야 합니다. 어떤 상황에서도 하나님 앞에서 두렵고 떨린 마음으로 살아야 합니다. 그러면 내가 살고, 교회가 삽니다. 세상을 향해 소금과 빛으로서 역할을 역동적으로 할 수 있습니다.

그런데도 높은 마음을 품으면 어떻게 됩니까? 21절입니다. "하나님이 원 가지들도 아끼지 아니하셨은즉 너도 아끼지 아니하시리라." 하나님은 원 가지인 이스라엘도 아끼지 아니하셨기에 이방인 그리스도인도 아끼지 않습니다. 가지인 이방인이 교만하면 언제든지 꺾일 수 있습니다. 뿌리는 잘릴 수 없어도 가지는 얼마든지 잘릴 수 있습니다.

그러므로 그들은 무엇을 봐야 합니까? 22절을 읽읍시다. "그러므로 하나님의 인자하심과 준엄하심을 보라 넘어지는 자들에게는 준엄하심이 있으니 너희가 만일 하나님의 인자하심에 머물러 있으면 그 인자가 너희에게 있으리라 그렇지 않으면 너도 찍히는 바 되리라." 그들은 하나님의 인자하심과 준엄하심을 생각해야 합니다. '인자하심'은 '그리스도 안에서, 그리스도를 통해서 나타나는 죄인을 향한 하나님의 은총'입니다. '준엄하심'은 '하나님의 엄하심', 즉 '심판'입니다. 하나님은 교만한 사람, 즉 예수님을 믿지 않은 사람을 심판하십니다. 하지만 하나님의 은총 안에 있는 사람에게는 하나님의 은총이 함께합니다. 누구든지 인자하심에 머물지 않으면 찍힙니다. 사람은 쉽게 교만할 수 있습니다. 그러므로 우리는 떨리는 마음을 품고 하나님의 은혜를 의지해야 합니다.

그러면 지금 믿지 않은 이스라엘에 희망이 있습니까? 23절을 봅시다. "그들도 믿지 아니하는 데 머무르지 아니하면 접붙임을 받으리니 이는 그들을 접붙이실 능력이 하나님께 있음이라." 그들, 즉 유대인도 믿으면 접붙임을 받습니다. 이방인이든 유대인이든 믿으면 구원을 받습니다. 왜냐하면, 하나님은 접붙이실 능력이 있기 때문입니다. 돌이켜 보면 이방 사람은 본래 돌 올리브나무에서 잘려서 참 올리브나무에 접붙임을 받은 것입니다. 만일 하나님이 자기 백성 아닌 이방인에게 그 일을 하셨다면, 자기 백성 이스라엘에는 더 그 일을 하실 것입니다(24). 그러므로 로마교회는 무엇을 알아야 합니까?

둘째, 구원의 신비(25-36)

25절을 읽읍시다. "형제들아 너희가 스스로 지혜 있다 하면서 이 신비를 너희가 모르기를 내가 원하지 아니하노니 이 신비는 이방인의 충만한 수가 들어오기까지 이스라엘의 더러는 우둔하게 된 것이라." '신비'는 오랫동안 감추어져 왔으나 나타내시는 하나님의 계획입니다. 그것은 이스라엘에 대한 하나님의 구원 계획입니다. 그 신비는 '이방 사람의 수가 다 찰 때까지 이스라엘 사람들 가운데서 일부가 완고해진 대로 있으리라는 것과 온 이스라엘이 구원을 받을 것이다.'라는 내용입니다(26).

그것은 무슨 말씀을 이루는 것입니까? '구원하시는 분이 시온에서 오실 것이니, 야곱에게서 경건하지 못함을 제거하실 것이다.'(사 59:20)라는 말씀을 이루는 것입니다. 그것은 하나님께서 이스라엘의 죄를 없앨 때 그들에게 이루어질 언약입니다(27). 이스라엘도 예수 그리스도를 믿음으로 죄를 용서받고 하나님의 새 언약 백성이 됩니다. 여기에는 하나님의 구원 계획이 세 단계로 나타납니다. 첫 단계는 대다수 이스라엘이 믿지 않는 것입니다. 다음은 이방인의 정해진 수가 하나님의 나라에 들어오는 것입니다. 마지막은 이스라엘이 구원받는 것입니다. 그 세 단계 중에서 바울의 관심은 구원 역사의 절정인 마지막 단계에 있습니다. 처음 두 단계는 이미 이루어지고 있기 때문입니다. 사도는 마지막 단계인 이스라엘이 구원받을 그 날을 기대하고 있습니다.

이스라엘 사람과 이방 사람은 어떤 양면성을 가집니까? 28절을 봅시다. "복음으로 하면 그들이 너희로 말미암아 원수 된 자요 택하심으로 하면 조상들로 말미암아 사랑을 입은 자라." 복음의 관점에서 보면 이스라엘은 이방인이 구원받도록 하나님의 원수가 되었습니다. 유대인은 하나님의 진노 아래 있기 때문입니다. 하지만 택하심의 관점에서 보면 유대인은 하나님의 사랑을 받는 사람입니다. 그들 조상 때문입니다. 이스라엘은 조상 때문에 하나님의 사랑을 받습니다. 유대인이 하나님을 배반했을지라도 하나님은 아브라함과 이삭과 야곱에게 주신 언약을 버리지 않으셨습니다. 하나님은 지금도 그 약속 때문에 이스라엘을 사랑하십니다.

그러므로 우리는 무엇을 알 수 있습니까? 29절을 읽읍시다. "하나님의 은사와 부르심에는 후회하심이 없느니라." '은사'는 '은혜로운 선물', 즉 '하나님의 선택'을 말합니다. 하나님의 선택과 부르심에는 후회가 없습니다. 하나님은 그 마음을 바꾸지 않습니다. 하나님께서 이스라엘을 택하고 부르신 은혜는 변하지 않습니다. 그 은혜는 이스라엘의 회복과 관련하여 어떻게 나타납니까? 이스라엘을 다시 민족적으로 부르시는 부름보다는 '남은 자' 사상을 통해서 나타납니다. 이스라엘의 회복은 이방인과 더불어 남은 자의 부르심을 통해 이루어집니다.

그러면 현재 이스라엘이 순종하지 않은 데는 무슨 뜻이 있습니까? 30절을 봅시다. "너희가 전에는 하나님께 순종하지 아니하더니 이스라엘이 순종하지 아니함으로 이제 긍휼을 입었는지라." 전에 이방인은 하나님께 순종하지 않았습니다. 그런데 이스라엘이 순종하지 않아서 이방인은 긍휼을 입었습니다. 그런데 지금은 이스라엘이 순종하지 않고 있습니다. 하지만 그들도 이방인이 누리는 하나님의 긍휼을 보고 돌아설 것입니다. 그들도 마침내 하나님의 긍휼을 입을 것입니다(31).

여기서 볼 때 하나님께서 모든 사람을 순종하지 않은데 가두신 뜻은 무엇입니까? 32절을 읽읍시다. "하나님이 모든 사람을 순종하지 아니하는 가운데 가두어 두심은 모든 사람에게 긍휼을 베풀려 하심이로다." 하나님께서 모든 사람을 순종하지 않은 상태에 가두신 것은 그들에게 긍휼을 베푸시려는 것입니다.

여기에 나타난 중요한 주제는 인간의 불순종과 하나님의 긍휼입니다. 하나님은 순종하지 않은 사람을 마음의 정욕대로 더러움에 내버려 두셨습니다(롬 1:14). 하나님께서 그렇게 하신 목적은 그들에게 긍휼을 베풀기 위함입니다. 인간은 출구가 없는 절망 상태에 빠져야 피조물로서의 모순과 자기 한계를 뼈저리게 느낄 수 있습니다. 창조주 하나님의 긍휼에 자신을 열 수 있습니다. 하나님은 인간의 역사 속에서 진노와 은혜, 엄위와 인자, 적대와 사랑 등 두 얼굴을 나타내십니다. 그러나 하나님의 궁극적인 목적은 긍휼입니다.

그 하나님은 어떤 분입니까? 33절을 읽읍시다. "깊도다 하나님의 지혜와 지식의 풍성함이여, 그의 판단은 헤아리지 못할 것이며 그의 길은 찾지 못할 것이로다." 하나님의 지혜와 지식은 정말로 깊습니다. 그분의 판단을 헤아릴 수 없고, 그분의 길을 찾을 수 없습니다. 누가 그분의 마음을 알수 있으며, 누가 그분의 모사를 할 수 있습니까? 누가 그분께 먼저 선물을 드려서 갚으심을 받을 수 있겠습니까(34-35)? 그 누구도 그럴 수 없습니다. 왜냐하면, 만물이 그분한테서 나오고, 그분을 통해서 그분에게 돌아가기 때문입니다. 따라서 오직 예수님만이 모든 찬양과 영광을 받으시기에 합당하십니다. 아멘(36)!

사도는 왜 갑자기 찬송합니까? 지금까지 논의한 구속적 경영에 대하여 인간의 머리로는 완전하게 설명할 수 없고, 이해할 수 없기 때문입니다.

오직 하나님의 주권적 목적임을 영접할 뿐입니다. 바울은 자신의 한계를 '송영(頌榮, 예배의 시작과 마지막에 들어가는 기도 형식의 찬송, doxology)'을 통해 고백합니다. 하나님의 신비한 구원 계획과 그 안에 나타난 하나님의 부유함, 지혜, 그리고 지식을 보고, 경외심으로 충만하여 하나님을 찬양합니다.

우리가 믿음의 세계에서 해서는 안 될 일이 무엇입니까? 우리는 교회 안에서 동역자들과 상대적 비교의식에서 오는 자랑을 해서는 안 됩니다. 자랑하지 않으려면 어떻게 해야 합니까? 내가 접붙임을 받은 가지라는 사실과 구원의 신비를 알아야 합니다. 그리하여 자랑하지 않고 두렵고 떨림으로 살기를 기도합니다.

제16강
산 제물로 드리라

◇ 본문 로마서 12:1-21
◇ 요절 로마서 12:1
◇ 찬송 215장, 217장

1세기 스토아 철학자 에피크테토스(Epictetus)가 이런 말을 했다고 합니다. "내가 만일 나이팅게일(Nightingale)이라면 나이팅게일에 합당한 일을 할 것이다. 내가 만일 백조라면 백조에 합당한 일을 할 것이다." 여기서 '나이팅게일'은 사람이 아닌 '밤꾀꼬리' 새입니다. 그 새는 옥타브가 높아 다른 새가 도저히 흉내 낼 수 없는 아름다운 소리를 가졌습니다. 백조의 우리말은 '고니'인데, 물 위에 떠다니는 자태가 우아합니다. 고니는 평생 울지 않는데, 죽기 전에 딱 한 번 아름다운 소리로 낸다는 전설이 있다고 합니다. 이렇게 같은 새라도 그 정체성이 달라서 우는 소리가 다른 것입니다. 그러면 오늘 우리는 어떻게 살아야 합니까?

첫째, 수직적 삶의 예배(1-2)

1절을 읽읍시다. "그러므로 형제들아 내가 하나님의 모든 자비하심으로 너희를 권하노니 너희 몸을 하나님이 기뻐하시는 거룩한 산 제물로 드리라 이는 너희가 드릴 영적 예배니라." 사도는 지금까지 '로마교회가 어떻게 구원을 받았는가?' 즉 '구원의 원리'를 가르쳤습니다. 그들은 믿음으로 의롭다 하심을 받았고, 성령님의 사람이고, 그 시대의 남은 사람입니다. 그러므로 사도는 이제부터 '구원받은 사람은 어떻게 살아야 하는가?' 즉 '삶의 자세'에 관해 권고합니다. 그는 하나님의 모든 자비하심으로 로마교회에 권고합니다.

첫 번째 권고는 무엇입니까? "너희 몸을 하나님이 기뻐하시는 거룩한 산 제물로 드리라." '몸'은 한 개인보다는 교회 공동체를 말하고, '산 제물'은 '살아 있는 제물'을 말합니다. 구약 시대 때는 살아 있는 짐승을 죽여서 제물로 드렸습니다. 그러나 이제 그들은 살아 있는 제물을 드려야 합니다. 교회를 짐승처럼 죽여서 제물로 드릴 수 없고, 살아 있는 그대로 드려야 합니다. 이것은 성전 제사가 필요하지 않은 하나님의 새 백성에게 요구하는 삶의 모습입니다. 그것은 교회가 삶의 현장에서 하나님과 그분의 사역에 헌신하는 것을 말합니다. 그것은 교회가 삶의 현장에서 말씀대로 사는 것을 말합니다.

하나님은 그것을 어떻게 하십니까? 하나님은 그것을 거룩하게 여기고 받으십니다. 교회가 삶의 현장에서 헌신하는 모습은 거룩하고 하나님께서 받으시는 제물입니다. 그것을 다른 말로는 '영적 예배'라고 부릅니다. '영적 예배'란 '육적 예배'와 반대하는 '영적 예배', 즉 '합리적인 예배'라는 뜻입니다. 구약시대의 죽은 제물을 드리는 데서 이제는 살아 있는 제물, 즉 삶의 예배를 말합니다.

우리가 삶 속에서 이렇게 예배하려면 무엇을 해야 합니까? 2절도 읽읍시다. "너희는 이 세대를 본받지 말고 오직 마음을 새롭게 함으로 변화를 받아 하나님의 선하시고 기뻐하시고 온전하신 뜻이 무엇인지 분별하도록 하라." 로마교회는 이 세상 풍조를 본받지 말아야 합니다. 사람에게는 모방하는 본성이 있는데, 본받으려는 모델이 둘 있습니다. 하나는 세상이고,

다른 하나는 그리스도이십니다. 이 두 모델은 완전히 반대입니다. 세상 사람은 세상을 본받습니다. 그러나 성도는 세상이 아닌 그리스도를 본받아야 합니다.

세상을 본받지 않으려면 어떻게 해야 합니까? 변화를 받아야 합니다. 변화는 마음을 새롭게 함으로 가능합니다. 그것은 성령님을 의지하는 것을 뜻합니다. 성령님을 의지할 때 마음을 새롭게 할 수 있습니다. 그들이 변해야 하는 이유는 하나님의 뜻을 분별하기 위함입니다. 로마교회는 세상을 본받지 않고 변해서 하나님의 뜻을 분별해야 합니다. 하나님께서 어떤 예배를 원하시는지를 알아야 합니다. 그래야 영적 예배, 합리적인 예배를 할 수 있습니다.

산 제물로 드리는 것과 하나님의 뜻을 분별하는 것은 무슨 관계가 있습니까? 하나님의 뜻을 바르게 알아야 바르게 예배할 수 있습니다. 하나님의 뜻을 모르면 자기중심적 예배, 자기 열심에 기초한 예배를 할 수 있습니다. 그것은 잘못된 예배일 수 있습니다. 따라서 바른 예배, 영적 예배는 하나님의 뜻을 바르게 아는 데서부터 시작합니다.

하나님은 사무엘을 통해 '사울이 아말렉을 쳐서 모든 소유를 남기지 말고 진멸하도록' 하셨습니다(삼상 15:3). 그러나 사울은 아주 좋은 것을 남기고 진멸하기를 즐겨 하지 않았습니다. 사울은 좋은 것으로 여호와께 제사하려고 했습니다. 하지만 사무엘은 그를 어떻게 꾸짖었습니까? "여호와께서 번제와 다른 제사를 그의 목소리를 청종하는 것을 좋아하심 같이 좋아하시겠나이까 순종이 제사보다 낫고 듣는 것이 숫양의 기름보다 나으니." 하나님의 뜻을 모르는 사울은 하나님께서 원하시는 예배를 할 수 없었고, 그런 그는 버림받았습니다(삼상 15:9, 22-23).

이사야 때 그 백성은 하나님께 많은 제물을 가져왔지만, 하나님은 기뻐하지 않으셨습니다. 오히려 싫어하셨습니다. 그들의 기도를 듣지 않으셨습니다. 왜냐하면, 그들이 삶의 현장에서 악한 행실을 버리지 않았고, 정의를 구하지 않았기 때문입니다(사 1:11-17). 그들은 하나님의 뜻을 모르고 자기중심적으로 제물만 드린 것입니다. 따라서 그분의 뜻을 분별할 때 그분이 받으시는 영적 예배를 할 수 있습니다.

우리도 예배하면 주일 예배만을 생각하기 쉽습니다. 물론 주일 예배는 아무리 강조해도 지나치지 않습니다. 하지만 더 중요한 예배는 삶의 예배입니다. 삶의 예배를 기준으로 세 종류의 신자로 나눕니다. 삶의 예배는 없고 신상명세서에만 '기독교'라고 쓰는 '명목상 신자(Nominal Christian)'가 있습니다. 주일에만 예배하는 '주일 신자(Sunday Christian)'가 있고 삶의 현장에서 말씀대로 사는 '매일 신자(Everyday Christian)'가 있습니다. 하나님이 기뻐하시는 예배는 삶의 예배입니다. 삶의 예배가 없으면 주일 예배도 의미가 없습니다.

우리는 지금 '코로나 19' 때문에 교회당에서 마음껏 예배하지 못하고 있습니다. 안타깝습니다. 하지만 한편으로는 하나님께서 그동안의 예배를 기뻐하지 않은 것은 아닌지 조심스럽게 고민합니다. 예배가 의식으로 그치고 삶의 예배로 이어지지 않은 것은 아니었는지 생각합니다. 하나님이 원하시는 예배는 주일 예배는 물론이고 가정과 캠퍼스, 그리고 직장에서도 말씀대로 사는 삶의 예배라고 믿습니다. 우리는 주일만 예배하는 '주일 신자'가 아니라 매일 예배하는 '매일 신자'로 자라야 합니다. 그것이 산 제물을 드리는 것이고, 영적 예배입니다. 사도가 두 번째로 말하는 내용은 무엇입니까?

둘째, 수평적 삶의 예배(3-21)

3절을 봅시다. "내게 주신 은혜로 말미암아 너희 각 사람에게 말하노니 마땅히 생각할 그 이상의 생각을 품지 말고 오직 하나님께서 각 사람에게 나누어 주신 믿음의 분량대로 지혜롭게 생각하라." 로마교회는 자신에 대해 마땅히 생각해야 할 생각보다 더 높이 생각해서는 안 됩니다. 대신 그들은 분수에 맞게 생각해야 합니다. 분수에 맞게 생각하려면 믿음의 분량대로 하면 됩니다. 하나님은 각 사람에게 맞는 믿음을 주셨습니다. 그 믿음을 기준으로 자신을 생각하면 분수에 맞는 생각을 할 수 있습니다.

이것이 산 제물을 드리는 것과 어떤 관계가 있습니까? 삶의 현장에서 삶의 예배를 하려면 공동체 안에서 자신을 바르게 평가해야 합니다. 자기에 대한 평가를 바르게 하지 않으면 교만할 수 있습니다. 하나님의 사역에 무관심할 수 있습니다. 그러면 공동체가 헌신하는 데 힘을 뺄 수 있습니다. 따라서 성도는 하나님께서 주신 그 믿음을 기준으로 자신의 실존을 생각해야 합니다. 그러면 하나님 앞에서 겸손할 수 있고, 동역자 앞에서 교만하지 않을 수 있습니다. 산 제물로 주님께 드릴 수 있습니다.

우리는 왜 공동체에서 지혜롭게 생각해야 합니까? 4절을 읽읍시다. "우리가 한 몸에 많은 지체를 가졌으나 모든 지체가 같은 기능을 가진 것이 아니니." 우리 한 몸에는 많은 지체가 있습니다. 그리고 그 지체들은 모두 같은 일을 하지 않습니다. 이 원리를 교회 공동체에도 그대로 적용할 수 있습니다. 우리 많은 사람이 그리스도 안에서 한 몸이 되어 서로 지체가 되었습니다(5). 서로 다른 지체가 모여서 한 몸을 이루듯이, 서로 다른 성도가 모여 교회를 이룹니다. 교회에는 다양한 동역자가 있습니다. 이것을 '유기적 관계(organic relationship)'라고 말합니다. 이런 유기적 관계를 알 때 자기 자신을 지혜롭게 생각할 수 있습니다. 이것을 모르면 자기중심적으로 살면서 교만하게 됩니다.

하나님께서 각 사람에게 주신 은사가 어떠합니까? 6절입니다. "우리에게 주신 은혜대로 받은 은사가 각각 다르니 혹 예언이면 믿음의 분수대로." 우리가 받은 은총의 선물은 각각 다릅니다. 하나님은 각 사람에게 맞는 다양한 은사를 주셨습니다. '은사'는 선물입니다. 따라서 성도를 선물을 받은 사람과 받지 않은 사람으로 나눌 수 없습니다. 성도라면 한 사람도 예외 없이 선물을 받았기 때문입니다.

그 은사를 어떻게 사용해야 합니까? 말씀을 가르치는 예언의 은사를 받았으면 믿음의 분수대로 사용해야 합니다. 예언의 목적은 교회의 덕을 세우는 것이니 말씀을 통해 교회를 세우는 일에 힘써야 합니다. 섬기는 일이면 섬기는 일에 힘써야 하고, 가르치는 사람이면 가르치는 일에 힘써야 합니다. 위로하는 사람은 위로하는 일로, 구제하는 사람은 성실함으로, 다스리는 사람은 부지런함으로, 긍휼을 베푸는 사람은 즐거움으로 해야 합니다(7-8).

우리가 은사를 잘 사용하려면 무엇을 해야 합니까? 우리는 자신의 은사를 찾아내어 공동체의 유익을 위해 활용해야 합니다. 하나님은 우리에게 교회 안에서 봉사하도록 은사를 주셨습니다(고전 12:7). 따라서 한두 사람이 모든 일을 하는 '만능일꾼(multiple player)'일 수 없습니다. 우리는 모두 상호의존적인 존재입니다. 믿음의 공동체에서 필요 없는 사람은 아무도 없습니다. 공동체의 생명은 은사의 조화로운 상호작용에 달려 있습니다. 모든 사람이 하나 같이 은사를 사용할 때 그 공동체는 건강한 공동체로 자랍니다.

은사를 사용할 때 무엇을 기초로 해야 합니까? 9절을 읽읍시다. "사랑에는 거짓이 없나니 악을 미워하고 선에 속하라." 공동체에서 은사를 사용할 때 그 기초는 사랑이어야 합니다. 그런데 그 사랑을 형식적으로 하기 쉽습니다. 겉과 속을 다르게 할 수 있습니다. 그러나 진실한 사랑을 해야 합니다. 진실한 사랑을 하려면 악을 미워하고 선한 것을 굳게 잡아야 합니다.

공동체에서 동역자를 어떻게 대해야 합니까? 형제자매의 헌신이나 은사를 의심하지 않고 먼저 인정해야 합니다. 동역자의 은사와 재능을 비판하지 말고 칭찬해야 합니다. 동역자를 사랑하면 피곤하거나 지루함을 느낄 수 있습니다. 이것을 극복하려면 주님을 섬겨야 합니다. 주님을 섬기면 주님께서 열심을 주시고, 동역자를 사랑할 수 있는 사랑도 주십니다. 그러므로 소망 중에 즐거워하며 환난 중에 참으며 기도에 항상 힘써야 합니다. 그뿐만 아니라, 성도의 쓸 것을 공급하며 손님 대접하기를 힘써야 합니다 (10-13). 당시에는 호텔이 많지 않아서 다른 지방에서 오는 그리스도인을 친절하게 대해야 했습니다.

교회는 어떤 수준까지 이르러야 합니까? 14절을 읽읍시다. "너희를 박해하는 자를 축복하라 축복하고 저주하지 말라." 성도는 자신을 박해하는 사람을 축복해야 합니다. 저주해서는 안 됩니다. 교회가 원수까지도 사랑하는 것은 세상을 본받지 않고 예수님을 본받는 표지입니다. 교회는 기뻐하는 사람과 함께 기뻐하고, 우는 사람과 함께 울어야 합니다(15). 사람은 본성적으로 자기만을 생각합니다. 그러나 교회는 자신을 형제자매와 같게 여기며, 함께 웃고 울어야 합니다. 교회는 가족이기 때문입니다. 가족은 함께 즐거워하고 함께 울 수 있습니다. 우리가 이렇게 살려면 서로 마음을 같이하며 높은 데 마음을 두지 않아야 합니다. 서로 한 마음을 품으려면 높은 생각을 버려야 합니다. 높은 생각을 버리려면 잘난 체하지 않아야 합니다(16).

우리는 교회 밖의 사람을 어떻게 대해야 합니까? 17절을 봅시다. "아무에게도 악을 악으로 갚지 말고 모든 사람 앞에서 선한 일을 도모하라." 아무에게도 악을 악으로 갚지 말아야 합니다. 모든 사람이 선하다고 생각하는 일을 하려고 애써야 합니다. 할 수 있다면 모든 사람과 더불어 화목해야 합니다(18). 교회는 평화를 추구하는 곳입니다. 우리가 악을 악으로 갚는다면, 불화는 그치지 않습니다.

어떻게 이렇게 할 수 있습니까? 19절을 읽읍시다. "내 사랑하는 자들아 너희가 친히 원수를 갚지 말고 하나님의 진노하심에 맡기라 기록되었으되 원수 갚는 것이 내게 있으니 내가 갚으리라고 주께서 말씀하시니라." 교회는 원수를 갚지 말고 하나님께 맡겨야 합니다. 원수 갚는 일을 하나님께 맡길 수 있는 것은 하나님께서 원수를 갚으시기 때문입니다. 하나님은 때가 되면 원수를 갚으십니다.

오히려 교회는 무엇을 해야 합니까? 20절입니다. "네 원수가 주리거든 먹이고 목마르거든 마시게 하라 그리함으로 네가 숯불을 그 머리에 쌓아 놓으리라." 원수가 배고파하면 먹을 것을 주고 목말라하면 마실 것을 줘야 합니다. 그렇게 하는 것은 원수의 머리 위에다가 숯불을 쌓는 셈입니다. 원수에게 선을 베풀면 원수의 머리 위에 불타는 숯을 쌓는 것과 같습니다. 원수 사랑은 원수를 부끄럽게 하여 참된 회개에 이르게 할 수 있습니다. 그러므로 우리는 악에 지지 말아야 합니다. 악에 보복하는 것은 악에 지는 것입니다. 같이 악한 자가 되기 때문입니다. 따라서 선으로 악을 이겨야 합니다(21). 즉 원수를 사랑해야 합니다. 하나님은 인간의 반역을 사랑으로 정복하셨습니다. 교회는 이 하나님을 본받아야 합니다.

바울 사도가 공동체 안에서 성도의 삶뿐만 아니라 공동체 밖의 사람까지도 포함하는 이유는 무엇입니까? 성도의 삶을 세상과 분리할 수 없기 때문입니다. 교회의 공동체성은 세상에도 그 영향력을 끼치기 때문입니다. 따라서 공동체 안에서만 성도답게 사는 것은 반쪽짜리 신앙입니다. 온전한 신앙, 건강한 공동체로 자라려면 믿음의 동역자는 물론이고 세상도 사랑으로 섬겨야 합니다.

그러면 '산 제물로 드리라'라는 말과 '교회의 삶'의 관계가 어떠합니까? '산 제물을 드리는 삶', 즉 영적 예배는 형식이 아닙니다. 이론이나 의식이 아닙니다. 구체적인 삶입니다. 수직적으로는 하나님께 헌신하는 삶이고, 수평적으로는 교회 공동체에서 동역자와의 관계, 교회 밖에서의 세상 사람과의 관계, 그것이 곧 우리 몸을 산 제물로 드리는 것이며 영적 예배입니다. 예배는 수직적 삶이면서 동시에 수평적 삶입니다.

그러므로 우리는 어떻게 살아야 합니까? 우리는 우리의 몸을 산 제물로 드려야 합니다. 삶의 현장에서 하나님의 사람답게, 성경 선생이요 목자답게 살아야 합니다. 이제 우리의 주일 예배 의식은 끝납니다. 하지만 영적 예배는 끝나지 않습니다. 한 주일 동안 삶의 현장에서 이어져야 합니다. '코로나 19'가 심해지니 사람과의 거리는 점점 멀어집니다. 하지만 우리의 마음만은 교회의 동역자는 물론이고 이 세상도 품어야 하지 않겠습니까?

제17강
그리스도로 옷 입고

◇ 본문 로마서 13:1-14
◇ 요절 로마서 13:14
◇ 찬송 286장, 288장

"옷이 날개다(The clothes make the man)."라는 말이 있습니다. "입은 옷에 따라 그 사람이 달라 보인다."라는 뜻입니다. 예전에 대부분 사람은 평소에는 편한 옷을 입다가도 주일 예배에 참석할 때면 정장을 입었습니다. 옷은 그 사람의 정체성을 나타낼 뿐만 아니라, 그날의 삶을 보여줍니다. 믿음으로 사는 우리가 평생 입어야 할 옷은 무엇입니까?

첫째, 권세에 복종하라(1-7)

1절을 읽읍시다. "각 사람은 위에 있는 권세들에게 복종하라 권세는 하나님으로부터 나지 않음이 없나니 모든 권세는 다 하나님께서 정하신 바라." 교회는 세상 나라의 지도자에게 복종해야 합니다. 왜냐하면, 하나님께서 주시지 않은 권위는 없기 때문입니다. 하나님께서 모든 권세자를 세우셨습니다. 권세를 가진 사람이 중요한 것이 아니라, 그 사람에게 권세를 주신 하나님이 중요합니다.

이 말씀이 로마교회에 어떤 의미가 있습니까? 교회는 로마 권세자로부터 직접적인 박해를 받고 있습니다. 그런데도 그들은 원칙적으로 순종해야 합니다. 왜냐하면, 하나님께서 그 권세자를 세우셨기 때문입니다. 물론 모든 일에 무조건 순종하라는 말은 아닙니다. 신앙 자체를 흔들면 당연히 저항해야 합니다. 그런 본질이 아닌 일상에서 필요한 세상 질서에 관해서는 순종해야 합니다.

오늘 우리는 어떻게 해야 합니까? 우리는 성경 렌즈로 세상 지도자를 봐야 합니다. 우리가 세상 지도자에게 순종하는 것은 그가 가진 힘 때문이 아닙니다. 하나님께서 그를 세우셔서 쓰시기 때문입니다. 하나님은 교회에서만 일하지 않고 세상 모든 영역에서 일하시기 때문입니다. 우리는 그것을 하나님의 '영역주권 사상(a thought of sphere sovereignty)'이라고 부릅니다. 일부에서는 "정부가 교회의 고유 영역까지 간섭한다."라고 불만을 토로합니다. 그런 점이 있을지라도, 우리가 정부에 순종하는 것은 하나님께서 지도자를 세우실 뿐만 아니라, 세상 모든 영역을 다스린다고 믿기 때문입니다.

그러므로 권세를 거스르면 어떻게 됩니까? 그 사람은 하나님의 명을 거스르는 것입니다. 따라서 하나님의 심판을 받습니다(2). 하지만 선한 일을 하는 사람은 다스리는 사람을 두려워하지 않습니다. 반면 악한 일을 하는 사람은 두려워합니다. 다스리는 사람을 두려워하지 않으려면 좋은 일을 하면 됩니다(3).

하나님께서 다스리는 사람을 세운 목적은 무엇입니까? 4절을 봅시다. "그는 하나님의 사역자가 되어 네게 선을 베푸는 자라 그러나 네가 악을 행하거든 두려워하라 그가 공연히 칼을 가지지 아니하였으니 곧 하나님의 사역자가 되어 악을 행하는 자에게 진노하심을 따라 보응하는 자니라." 세상 지도자는 자기가 알든지 모르든지 하나님이 세우신 일꾼입니다. 교회가 그에게 순종하면 그는 교회를 위해서 일합니다. 그는 악한 사람을 위해

156

서 칼을 듭니다. 나라의 질서를 지키는 일이 곧 교회를 지키는 일입니다. 하나님은 교회도 세우셨지만, 국가 기관도 세우셨습니다. 하나님은 교회를 통해서도 일하지만, 세상 지도자를 통해서도 일합니다. 교회가 하나님의 오른손이라면, 세상 지도자는 왼손입니다.

그러므로 교회는 권세자에게 어떻게 해야 합니까? 5절을 읽읍시다. "그러므로 복종하지 아니할 수 없으니 진노 때문에 할 것이 아니라 양심을 따라 할 것이라." 교회는 그들이 가진 힘 때문이 아니라 양심을 따라 복종해야 합니다. 여기서 '양심을 따라'라는 말은 신앙의 본질과 비본질을 나눠서 생각하라는 뜻입니다. 국가가 힘으로 교회를 억압하는 일, 신앙을 부인하도록 하는 일 앞에서는 신앙 양심에 따라 행동해야 합니다. 당시 교회는 로마 황제가 신앙을 부인하도록 한 일에 대해서는 복종하지 않았습니다. 오히려 저항했습니다. 순교했습니다. 하지만 비본질 문제에서는 순종했습니다.

그러면 구체적으로 무슨 일에 순종해야 합니까? 6절을 봅시다. "너희가 조세를 바치는 것도 이로 말미암음이라 그들이 하나님의 일꾼이 되어 바로 이 일에 항상 힘쓰느니라." 교회가 세금을 내는 것이야말로 하나님이 세우신 권세에 복종하는 가장 중요한 실천입니다. 권세자들은 그 일을 하도록 임명을 받은 일꾼입니다. 따라서 교회는 모든 사람에게 의무를 다해야 합니다. 세금을 내야 할 사람에게는 세금을 내고, 관세를 바쳐야 할 사람에게는 관세를 바쳐야 합니다. 공경해야 할 사람을 공경하고, 명예를 존중해야 할 사람을 존중해야 합니다(7).

우리는 하나님 나라에도 속해 있고, 세상 나라에도 속해 있는 '이중 국적자'입니다. 따라서 세상 나라의 질서도 지킬 것은 지켜야 합니다. 세금을 내는 것은 나라에 대한 의무를 다하는 것이고, 정치 지도자를 인정하는 것입니다. 그러나 아무리 해도 다 할 수 없는 한 가지 의무는 무엇입니까?

둘째, 그리스도로 옷 입어라(8-14)

8절을 읽읍시다. "피차 사랑의 빚 외에는 아무에게든지 아무 빚도 지지 말라 남을 사랑하는 자는 율법을 다 이루었느니라." 교회는 국가에 어떤 빚도 지지 않아야 합니다. 좁은 의미에서는 세상 사람이나 교회 동역자에게 빚이 있다면 반드시 갚아야 합니다. 소크라테스(Socrates)가 독배를 마시고 떠날 때 마지막으로 한 말이 있습니다. "아스클레피오스(Asclepius)에게 닭 한 마리를 빚졌네, 잊지 말고 꼭 갚아 주게나." '아스클레피오스'는 사람이 아닌 '의술의 신'입니다. 당시에는 병에 걸렸다가 나으면 아스클레피오스에게 닭 한 마리를 바치는 문화가 있었다고 합니다. 어쨌든 소크라테스는 빚을 반드시 갚아야 할 것으로 말했습니다.

그러나 예외가 있는데, 사랑의 빚은 질 수 있습니다. 사랑은 다른 빚과는 달리 갚을 수 없는 빚입니다. 아무리 갚아도 항상 남아있는 빚이 있는데, 그것은 서로 사랑하는 것입니다. 따라서 남을 사랑하는 사람은 율법을 다 이루는 것입니다. '남을 사랑하는 사람'은 권세자를 사랑하는 사람이며, 대사회적 책임을 다하는 사람입니다. 그런 사람은 율법대로 산 것입니다.

율법은 무엇입니까? 9절입니다. "간음하지 말라, 살인하지 말라, 도둑질하지 말라, 탐내지 말라 한 것과 그 외에 다른 계명이 있을지라도 네 이웃을 네 자신과 같이 사랑하라 하신 그 말씀 가운데 다 들었느니라." 십계명 중에서 네 계명, 즉 윤리적 실천을 강조한 것들입니다. 그밖에 다른 계명도 있지만, 그 핵심은 "이웃을 사랑하라."라는 말씀에 들어 있습니다. 이웃 사랑은 율법의 핵심입니다. 그러므로 남을 사랑하는 사람은 율법을 다 이룬 것입니다.

사랑은 무엇입니까? 10절을 읽읍시다. "사랑은 이웃에게 악을 행하지 아니하나니 그러므로 사랑은 율법의 완성이니라." 여기서 '악'은 앞에서 말한 네 가지 일, 즉 간음, 살인, 도둑질, 탐내는 것 등입니다. 사랑은 그런 일을 이웃에게 하지 않는 것입니다. 그렇게 살면 율법을 완성합니다.

교회는 왜 그렇게 살아야 합니까? 11절을 봅시다. "또한 너희가 이 시기를 알거니와 자다가 깰 때가 벌써 되었으니 이는 이제 우리의 구원이 처음 믿을 때보다 가까웠음이라." 교회는 지금이 어느 때인지를 압니다. 지금은 잠에서 깨어나야 할 때가 벌써 되었습니다. 이제는 종말의 때가 가까웠습니다. 종말이 다가오면 우리의 구원도 완성됩니다. 따라서 지금은 우리의 구원이 좀 더 가까이 왔습니다.

이 말씀이 사랑을 실천하는 일과 무슨 관계가 있습니까? 사람들이 자기중심적이고 이기적으로 사는 것은 이 세상이 영원할 것으로 알기 때문입니다. 자기가 천년만년 살 것으로 착각하기 때문입니다. 하지만 우리가 예수님이 오실 때가 가까웠고, 우리의 삶이 영원하지 않음을 알면 여유가 생기지 않습니까? 다른 사람을 배려할 수 있습니다. 사랑을 나눌 수 있습니다.

그러므로 어떻게 살아야 합니까? 12절입니다. "밤이 깊고 낮이 가까웠으니 그러므로 우리가 어둠의 일을 벗고 빛의 갑옷을 입자." 이 세대를 '밤'이라고 표현한 것은 사탄이 활동하는 것을 전제합니다. 반면 '낮'이라는 표현은 그리스도의 온전한 다스림을 전제합니다. 그리스도는 세상의 빛입니다(요 9:5). 종말의 때가 가까웠으므로 어둠을 벗고, 빛의 갑옷을 입어야 합니다. 교회조차도 밤의 시대를 살고 있으므로 어둠의 영향을 받습니다. 그렇다고 어둠의 지배를 받아서는 안 됩니다. 어둠을 벗고 빛을 입어야 합니다. 그런데 '빛의 갑옷을 입어라.'라고 말합니다. 그것은 '싸우기 위해 전투복을 입어라.'라는 말입니다.

교회는 무엇과 싸워야 합니까? 13절을 봅시다. "낮에와 같이 단정히 행하고 방탕하거나 술 취하지 말며 음란하거나 호색하지 말며 다투거나 시기하지 말고." 교회는 아직 낮은 아니지만, 낮인 것처럼 예의 바르게 행동해야 합니다. 그것은 방탕하거나 술 취하지 않고, 음란하거나 호색하지 않고, 다투거나 시기하지 않는 것입니다. 교회는 이런 것들과 싸워야 합니다.

싸움에서 이기려면 무엇을 해야 합니까? 14절을 읽읍시다. "오직 주 예수 그리스도로 옷 입고 정욕을 위하여 육신의 일을 도모하지 말라." 교회가 싸움에서 이기려면 그리스도로 옷 입어야 합니다. 그리스도를 의지하고, 본받는 삶을 살아야 합니다. 대신 정욕을 채우려고 육신의 일을 꾀하지 말아야 합니다. 교회가 육신을 위해 어떤 생각도 하지 않고, 그리스도로 옷 입으면 싸움에서 이깁니다.

여기서 볼 때 교회는 끊임없이 무엇을 해야 합니까? 교회는 끊임없이 싸워야 합니다. 육신을 위한 일과 싸워야 합니다. 즉 육신을 따르지 않고 그리스도로 옷 입고자 싸워야 합니다. 한 번 싸우는 것이 아니라 계속해서 싸워야 합니다. 믿음의 결단을 한 사람일지라도 다시 육체의 정욕에 빠질 위험은 얼마든지 있기 때문입니다. 육신의 옷을 입으면 육신의 열매를, 그리스도의 옷을 입으면 생명의 열매를 맺습니다. 그리스도로 옷 입으면 육신의 싸움에서 이기기 때문입니다.

어거스틴(Aurelius Augustine, 354-430)은 젊은 시절 마니교 (Manichaeism)에 빠졌습니다. 마니교는 '영은 선하고 육은 악하다.'라는 이원론에 뿌리를 두었습니다. 그는 이 이원론에 기초하여 방탕을 합리화했지만, 그는 갈등합니다. 후에 그는 『고백록(*Confessions*』 VIII, 12에서 이렇게 고백합니다. "나는 속으로 '지금 당장 내 안의 정욕을 끊어야 지금이야말로 끊어버릴 때다.'라고 외쳤습니다. 하지만 죄의 뿌리를 뽑지 못하고 옛 자리를 숨 가쁘게 지키려고 했습니다… 고통은 극에 달했습니다. 영혼 깊숙이 숨겨져 있는 인생의 비참함이 그대로 눈앞에 드러났고, 강한 폭풍이 영혼을 흔들더니 눈물이 폭우처럼 쏟아지기 시작했습니다… 그때 갑자기 이웃집에서 한 음성이 들려왔습니다. '집어 들고 읽어라. 집어 들고 읽어라.' 나는 조심스럽게 바울 서신을 펴들고 제일 먼저 눈길이 닿는

부분을 읽었습니다. '낮에와 같이 단정히 행하고 방탕과 술 취하지 말며 음란과 호색하지 말며 쟁투와 시기하지 말고, 오직 주 예수 그리스도로 옷 입고 정욕을 위하여 육신의 일을 도모하지 말라.' 나는 더 읽지 않았습니다. 더 읽을 필요가 없었습니다. 이 말씀은 확신의 빛으로 내 마음을 비쳐서 내 안에 있는 모든 어둠을 물리쳐 주었기 때문입니다." 그는 마침내 그리스도로 옷 입은 것입니다. 그리고 육신과 싸웠고 이긴 것입니다. 그는 '탕자'에서 '성자'로 거듭났습니다.

그러면 "권세에 순종하라."라는 말과 "그리스도로 옷 입어라."라는 말에는 어떤 관계가 있습니까? 외적으로는 권세에 순종하고, 내적으로는 그리스도를 닮아야 합니다. 교회는 외적으로는 세상 사람과 다르지 않습니다. 하지만 내적으로는 세상 풍조를 따르면 안 됩니다. 예수님을 따라야 합니다. 세상에서 살지만, 세상처럼 살면 안 됩니다. 그들과 구별된 삶을 살아야 합니다. 그리스도의 옷을 입어야 합니다. 그것이 그리스도 교회의 정체성입니다.

교회를 바다를 항해하는 배에 비유합니다. 배는 물이 있어야 합니다. 하지만 물이 배 안으로 차면 배가 가라앉습니다. 교회는 세상에 있어야 합니다. 하지만 세상이 교회 안으로 들어오면 교회는 가라앉습니다. 배가 바다에 있지만 물을 경계해야 하듯이, 교회는 세상에 있지만 세속화를 경계해야 합니다. 그리스도로 옷 입을 때 그 정체성을 지킬 수 있습니다. 세상 풍조와 싸워서 이길 수 있고, 내 안에서 꿈틀거리는 정욕과 싸워서 이길 수 있습니다.

우리가 평생 입어야 할 옷은 무엇입니까? 우리는 그리스도로 옷 입어야 합니다. 그리하여 나를 이기고 세상을 이겨서 소금과 빛으로 살기를 기도합니다.

제18강
하나님의 나라는

◇ 본문 로마서 14:1-23
◇ 요절 로마서 14:17
◇ 찬송 327장, 368장

어떤 교회는 예배당을 지으면서 카펫 색을 '빨간색으로 할 것인가?', '파란색으로 할 것인가?'를 놓고 싸웠다고 합니다. 그것은 얼마든지 자유롭게 할 수 있는 것입니다. 그런데도 그들은 왜 싸웠을까요? 그들은 교회의 본질과 비본질을 혼동했기 때문입니다. 그러면 교회의 본질은 무엇입니까?

첫째, 비판하지 말라(1-16)

1절을 읽읍시다. "믿음이 연약한 자를 너희가 받되 그의 의견을 비판하지 말라." 교회에는 믿음이 약한 사람도 있고, 강한 사람도 있습니다. 교회는 믿음이 어린 성도가 의심하거나 불편해하는 일을 비판하지 않아야 합니다.

로마교회에는 어떤 시빗거리가 있었습니까? 어떤 사람은 모든 것을 먹을 만한 믿음이 있었습니다. 그들은 돼지고기는 물론이고, 제사 음식도 먹었습니다. 반면 어떤 사람은 믿음이 약하여 채소만 먹었습니다(2). 그곳에는 유대인 출신 성도와 이방인 출신 성도가 있었습니다. 유대인 출신은 음식을 가려서 먹었는데, 음식이 신앙생활에 영향을 끼친다고 생각했기 때문입니다. 반면 이방인 출신은 아무거나 먹었는데, 음식이 신앙생활에 영향을 끼치지 않는다고 생각했기 때문입니다. 교회는 '먹는 파'와 '먹지 않는 파'로 나뉘어 싸웠습니다.

그러나 교회는 서로에 대해 어떤 자세를 가져야 합니까? 3절입니다. "먹는 자는 먹지 않는 자를 업신여기지 말고 먹지 않는 자는 먹는 자를 비판하지 말라 이는 하나님이 그를 받으셨음이라." 교회는 서로를 업신여기지 말고, 비판하지 말아야 합니다. 왜냐하면, 그 성도를 하나님께서 받으셨기 때문입니다.

그런데도 비판한다면 그는 어떤 사람입니까? 4절을 봅시다. "남의 하인을 비판하는 너는 누구냐 그가 서 있는 것이나 넘어지는 것이 자기 주인에게 있으매 그가 세움을 받으리니 이는 그를 세우시는 권능이 주께 있음이라." 어떤 주인이 다른 주인의 하인을 판단한다면, 그것은 월권행위입니다. 그 하인을 판단할 수 있는 사람은 오직 그 주인뿐입니다. 성도는 하나님의 하인입니다. 하나님의 하인을 다른 주인이 판단한다면, 그 또한 월권행위입니다. 하인을 판단할 권한은 그 주인에게만 있듯이, 성도를 판단할 권한 또한 하나님께만 있습니다. 따라서 우리는 형제자매가 나와 다를지라도 판단할 수 없습니다.

로마교회는 또 어떤 시빗거리가 있었습니까? 어떤 사람은 한 날을 다른 날보다 높이 평가하여 특별하게 여겼습니다. 반면 어떤 사람은 모든 날을 같이 여겼습니다. 이런 문제에서는 다른 사람보다 자기 확신이 중요합니다(5).

그 확신의 기초는 무엇이어야 합니까? 6절을 읽읍시다. "날을 중히 여기는 자도 주를 위하여 중히 여기고 먹는 자도 주를 위하여 먹으니 이는 하나님께 감사함이요 먹지 않는 자도 주를 위하여 먹지 아니하며 하나님께 감사하느니라." 그 확신의 기초는 '주님을 위하여' 여야 합니다. 먹는 사람도 주님을 위하여 먹어야 하고, 먹지 않는 사람도 주님을 위하여 먹지 않아야 합니다. 우리가 무엇을 하든지, 하지 않든지 주님을 위하여 하나님께 감사하는 마음으로 해야 합니다. 그러면 하나님은 그것을 받으십니다.

왜 그렇게 해야 합니까? 7절과 8절도 읽읍시다. "우리 중에 누구든지 자기를 위하여 사는 자가 없고 자기를 위하여 죽는 자도 없도다. 우리가 살아도 주를 위하여 살고 죽어도 주를 위하여 죽나니 그러므로 사나 죽으나 우리가 주의 것이로다." 우리 중에 누구도 자기를 위하여 사는 사람이 없습니다. 자기를 위하여 죽는 사람도 없습니다. 우리는 살아도 주님을 위하여 살고, 죽어도 주님을 위하여 죽습니다. 왜냐하면, 우리는 주님의 것이기 때문입니다.

이 말씀에서 무엇을 배웁니까? 자유와 절제를 배웁니다. 본문은 '자기를 위하여'와 '주님을 위하여'를 대조합니다. '자기를 위하여'라는 말은 '자유'를 말하고, '주님을 위하여'라는 말은 '절제'를 말합니다. 우리는 자유롭게 먹을 수 있습니다. 하지만 그 자유를 나만을 위해서 쓴다면 그것은 자유가 아니라 방종, 무질서입니다. 우리는 자유를 '주님을 위하여'라는 절제 아래에서 써야 합니다. 그래야 그 자유가 빛이 나고, 공동체에 은혜를 끼칩니다. '나를 위하여'만을 강조하면 공동체가 깨집니다. 하지만 '주님을 위하여'를 앞세우면 아름답고 건강한 공동체를 만들 수 있습니다. 왜냐하면, 우리의 주인님은 주님이시기 때문입니다.

주님께서 우리의 주인이 되기 위하여 무엇을 하셨습니까? 이것을 위해서 그리스도께서 죽었다가 다시 살아나셨습니다. 그리하여 죽은 사람과 산 사람의 주인이 되셨습니다(9). 그러므로 우리는 나를 위하여 살지 않고 주님을 위하여 살아야 하지 않겠습니까?

우리가 서로를 비판하지 않아야 하는 또 다른 이유는 무엇입니까? 10절입니다. "네가 어찌하여 네 형제를 비판하느냐 어찌하여 네 형제를 업신여기느냐 우리가 다 하나님의 심판대 앞에 서리라." 우리는 장차 하나님의 심판대 앞에서 그분의 판단을 받을 것입니다. 그런 우리가 형제자매를 판단할 수 있습니까? 성경은 말씀했습니다. '하나님은 살아 계시니 모든 사람이 그분께 절하고, 고백할 것이다'(11). 우리는 심판 때 자기가 한 일을 하나님께 말해야 합니다(12).

그런즉 우리는 서로에 대해 어떻게 해야 합니까? 우리는 비판하는 대신에 비판하지 않아야 합니다. 형제자매가 걸려 넘어지지 않도록 장애물을 놓지 않아야 합니다(13). 그런데 그 어떤 음식도 그 자체가 더러운 것은 없습니다. 우상에게 바친 고기라도 그 자체가 부정한 것은 아닙니다. 문제는 그것을 부정하다고 생각하는 그 사람입니다(14). 믿음이 약해서 고기를 먹지 못하는 그 사람이 문제입니다.

그러나 음식으로 형제자매를 근심하게 하는 일은 얼마나 심각합니까? 15절을 읽읍시다. "만일 음식으로 말미암아 네 형제가 근심하게 되면 이는 네가 사랑으로 행하지 아니함이라 그리스도께서 대신하여 죽으신 형제를 네 음식으로 망하게 하지 말라." 내가 고기를 먹었는데, 그것 때문에 형제자매가 근심한다면 사랑으로 행하지 않은 것입니다. 내가 형제자매를 사랑한다면, 내 마음대로 먹지 않습니다. 반면 사랑하지 않으면 내 마음대로 먹습니다. 그러나 그것은 그리스도께서 대신하여 죽으신 그 형제자매를 망하게 하는 일입니다. 그러므로 우리는 '내가 좋아서 자유롭게 먹는 일'이 비방을 받지 않도록 해야 합니다(16). 내 자유가 상대를 힘들게 한다면 조심해야 합니다. 그러면 우리의 관심은 어디로 향해야 합니까?

둘째, 의와 평강과 희락이라(17-23)

17절을 읽읍시다. "하나님의 나라는 먹는 것과 마시는 것이 아니요 오직 성령 안에 있는 의와 평강과 희락이라." '하나님의 나라'는 '하나님이 다스리는 왕국'입니다. 그 왕국은 저 멀리 있지 않고, 오늘 이곳에 있습니다. 그곳이 교회 공동체입니다. 따라서 하나님 나라의 본질은 교회의 본질입니다.

하나님 나라의 본질은 무엇입니까? 먹고 마시는 것이 아닙니다. 당시 교회가 먹는 문제로 갈등했던 이유는 그것을 교회의 본질로 생각했기 때문입니다. 그러나 교회의 본질은 의와 평강과 희락입니다. '의'는 '하나님과 바른 관계성'이니 '죄를 용서받음', '구원'입니다. '평강'은 하나님과 바른 관계성에서 오는 마음의 평화, 즉 죄를 용서받아서 누리는 평화입니다. '희락'은 '기쁨'인데, 평화를 누리는 데서 오는 기쁨입니다. 의와 평화, 그리고 기쁨은 성령님 안에서, 즉 성령님을 통해서 누립니다.

로마교회는 외적으로 크고 작은 어려움을 겪고 있습니다. 그런 그들이 그 어려움을 이길 힘 중의 하나는 동역자들과 하나 됨입니다. 그들은 가족 사랑으로 어려움을 이겨야 했습니다. 하지만 그들은 오히려 동역자끼리 서로 갈등했습니다. 그것도 사소하게 보이는 먹는 문제로 말입니다. 그들 눈에는 외적인 원수보다 내적인 먹는 문제가 더 심각했습니다. 그들은 본질에 목숨을 걸었다고 생각했지만, 실은 정말로 사소한 일에 목숨을 걸었던 것입니다. 그들은 본질과 비본질을 혼동했기 때문입니다. "무식하면 용감하다."라는 말이 있지만, 실은 무식하면 몸과 마음이 피곤합니다. 로마교회는 잘못 알아서 공동체가 아픔을 겪습니다.

우리는 무엇을 배웁니까? '신앙생활에서 정말로 마음을 써야 할 일이 무엇인가?'를 배웁니다. 우리는 '누가 고기를 먹느냐, 채소를 먹느냐?'라는 문제로 논쟁하지 않아야 합니다. 오히려 의와 평화와 기쁨에 관심을 품어야 합니다. '내 삶에 하나님과 바른 관계성이 살아 있는가?' '우리 교회 안에 평화와 기쁨이 있는가?' 이것이 오늘 우리의 기도 제목이어야 합니다.

다른 사람이 어디로 여행을 갔든지, 무엇을 샀든지 그에 관한 관심을 그쳐야 합니다. 우리는 본질은 목숨 걸고 지켜야 하지만, 비본질은 여유롭게 허용해야 합니다. 중요하지 않은 일에 자기 고집만 내세우며 논쟁하는 일을 삼가야 합니다. 마르코 도미니스 대주교(Archbishop Marco Antonio de Dominis, 1560-1624)가 했다는 유명한 말이 있습니다. "본질적인 것에는 일치를, 비본질적인 것에는 자유를, 모든 것에는 사랑을(unity in necessary things; liberty in doubtful things; charity in all things)."

우리는 지금 '코로나' 자체가 주는 어둠과 두려움을 느끼고 있습니다. 동시에 그로 인한 심리적 부담감인 '코로나 우울감(blue)'을 겪고 있습니다. 성탄절과 연말에 누리는 평화와 기쁨이 들어 올 여유가 없어 보입니다. 다시 말하면, 지금이야말로 의와 평화와 기쁨이 절대적으로 필요합니다. 따라서 우리의 관심을 어디로 향해야 합니까? 의와 평화와 기쁨입니다. 나로부터 시작하여, 우리 교회의 관심이 의와 평화와 기쁨으로 향해야 합니다. 그리하여 가정과 캠퍼스, 이 나라가 평화와 기쁨을 회복할 수 있도록 해야 합니다.

우리가 이렇게 그리스도를 섬기면 어떻게 됩니까? 18절입니다. "이로써 그리스도를 섬기는 자는 하나님을 기쁘시게 하며 사람에게도 칭찬을 받느니라." 이런 사상이나 정신으로 그리스도를 섬기는 사람은 하나님을 기쁘시게 하며 사람에게도 인정을 받습니다. 하나님을 섬기는 것도 중요하지만, 어떻게 섬기는가는 더 중요합니다. 지엽적인 문제로 형제자매를 비판하면서, 아무리 하나님을 열정적으로 섬겨도 하나님과 사람에게 인정받지 못합니다.

그러므로 우리는 무엇에 힘써야 합니까? 19절을 읽읍시다. "그러므로 우리가 화평의 일과 서로 덕을 세우는 일을 힘쓰나니." 우리는 먹는 문제로 분쟁의 씨앗을 키울 것이 아니라 평화를 세워야 합니다. 교회는 서로 비판하기보다는 공동체를 세우는 일에 힘써야 합니다.

우리가 이런 삶을 살려면 먹는 문제 앞에서 원칙이 있어야 합니다. 그것은 음식으로 하나님의 사업을 무너지게 해서는 안 된다는 것입니다. 먹는 문제로 교회가 갈등해서는 안 됩니다. 모든 음식은 다 깨끗하니 어떤 음식을 먹더라도 잘못이 없습니다(20). 하지만 내가 먹는 것에 의해 다른 사람이 걸려 넘어지게 하는 것은 잘못입니다. 내가 무엇을 먹든지 그것으로 형제자매를 걸려 넘어지게 하지 않으면 아름다운 일입니다(21). 그러므로 고기를 먹을 수 있는 사람은 하나님 앞에서 자기 믿음대로 살아야 합니다. 믿음이 약한 사람이 고기를 먹으면 스스로 정죄할 수 있습니다. 하지만 자기를 정죄하지 않는 사람이 복이 있습니다(22).

누가 정죄를 받습니까? 23절을 봅시다. "의심하고 먹는 자는 정죄되었나니 이는 믿음을 따라 하지 아니하였기 때문이라 믿음을 따라 하지 아니하는 것은 다 죄니라." 고기를 먹으면서 죄를 짓는 것으로 의심하는 사람은 이미 정죄를 받았습니다. 믿음으로 하지 않았기 때문입니다. 믿음으로 하지 않은 일은 죄입니다. 따라서 믿음이 약한 사람은 자기 믿음을 정당화해서는 안 됩니다. 오히려 그 믿음을 강하게 해야 합니다. 동시에 믿음이 강한 사람도 약한 사람을 영접해야 합니다. 자기의 자유를 사랑을 따라 해야 합니다. '자유'와 '사랑'의 조화를 통해 교회는 아름다운 공동체, 건강한 공동체로 자랍니다.

분위기가 어수선할수록 "본질로 돌아가라."라는 말이 있습니다. 지금은 여러 면에서 어수선한 시기입니다. 교회야말로 본질로 돌아가야 합니다. 나로부터, 우리 교회부터 의와 평화와 기쁨을 회복하여 가정과 캠퍼스, 그리고 온 세상에 의와 평화와 기쁨이 넘치기를 기도합니다.

제19강
서로 받으라

◇ 본문 로마서 15:1-13
◇ 요절 로마서 15:7
◇ 찬송 214장, 220장

우리는 얼마 전부터 '보수'와 '진보'로 나뉘는 '진영 논리'와 같은 말을 자주 듣습니다. 다양한 목소리를 내는 건강한 사회라는 뜻일 수 있습니다. 하지만 일부에서는 자기와 '다른 진영'이거나 '다른 목소리' 내는 사람을 '적폐'로 여기며 서로를 거부합니다. 이런 사회에서 교회는 어떻게 살아야 합니까?

1절을 읽읍시다. "믿음이 강한 우리는 마땅히 믿음이 약한 자의 약점을 담당하고 자기를 기쁘게 하지 아니할 것이라." '믿음이 강한 우리'는 로마 교회에서 무엇이든지 잘 먹는 사람입니다(14:2a). 그들 대부분은 이방인 출신 성도입니다. 반면 '믿음이 약한 자'는 '아무 음식이나 먹지 않고 채소만 먹는'(14:2b) 유대인 출신 성도입니다. 믿음이 강한 성도가 약한 성도의 약점을 보면 무시할 수 있습니다. 하지만 믿음이 강한 성도는 믿음이 약한 성도의 약점을 담당해야 합니다.

우리가 어떻게 이렇게 할 수 있습니까? 자기를 기쁘게 하지 않아야 합니다. 대신 이웃을 기쁘게 해야 합니다. 교회에서 나보다도 형제자매를 기쁘게 하면, 그들의 약점을 감당할 수 있습니다. 그뿐만 아니라, 좋은 일을 하면서 덕을 세우려고 하면, 그들의 약점을 감당할 수 있습니다(2). 결국은 나보다 동역자를, 나보다 교회를 세우려고 하면 약한 사람의 약점을 담당할 수 있습니다.

여기서 볼 때, 교회는 어떤 곳입니까? 교회는 자기중심적이고 이기적인 공동체가 아닙니다. 더불어 사는 공동체입니다. 우리에게는 이웃이 있습니다. 형제자매, 동역자가 있습니다. 따라서 교회는 친교에 관심을 품어야 합니다. 우리는 나보다도 형제자매를 기쁘게 하는 그런 교회 공동체를 세워야 합니다. 그러면 결국은 나도 기쁩니다. 우리 모두 기쁩니다.

우리는 왜 그런 삶을 살아야 합니까? 그리스도께서도 자기를 기쁘게 하지 않으셨기 때문입니다. 시편에는 '주님을 비방하는 자들의 비방이 내게 미쳤다.'라는 기록이 있습니다. 그런데 주님께서 그 말씀대로 사셨습니다(3).

성경은 누구를 위해, 왜 기록했습니까? 4절을 봅시다. "무엇이든지 전에 기록된 바는 우리의 교훈을 위하여 기록된 것이니 우리로 하여금 인내로 또는 성경의 위로로 소망을 가지게 함이니라." 성경은 우리에게 교훈을 주려고 기록했습니다. 그래서 우리는 성경에서 인내를 배우고 격려를 받아서 희망을 품습니다.

그러므로 우리는 무엇을 해야 합니까? 5절과 6절입니다. "이제 인내와 위로의 하나님이 너희로 그리스도 예수를 본받아 서로 뜻이 같게 하여 주사, 한마음과 한 입으로 하나님 곧 우리 주 예수 그리스도의 아버지께 영광을 돌리게 하려 하노라." 우리는 성경을 통해 인내와 격려를 배워서 그리스도 예수님을 본받아야 합니다. 우리는 서로 뜻을 같이하여 다 같이 한 목소리로 하나님께 영광을 돌려야 합니다. 교회의 일치에는 중요한 목표가 있습니다. 그것은 하나님께 영광을 돌리는 일입니다. 교회가 하나 될 때 하나님은 영광을 받으십니다.

이 말씀이 로마교회에 주는 뜻은 무엇입니까? 그들은 외적으로는 로마 정부로부터 박해를 받고 있습니다. 내적으로는 동역자끼리 삶의 모습이나 문화의 다름으로 서로 갈등하고 있습니다. 어쩌면 그들은 위기였습니다. '교회가 세상에서 소금과 빛으로 자라느냐?' 아니면 '그냥 사라지느냐?'의 갈림길에 섰습니다. 그런 그들이 외적 압력을 이기고 내적으로 건강한 공동체로 자라려면 다 같이 한목소리를 내야 합니다. 유대인 성도이든지 이방인 성도이든지 서로 조화롭게 살아야 합니다. 그들이 그렇게 살 때 로마교회는 거대한 로마 세력 앞에서 소금과 빛으로 우뚝 설 수 있습니다.

그러므로 우리는 서로에 대해서 어떻게 해야 합니까? 7절을 읽읍시다. "그러므로 그리스도께서 우리를 받아 하나님께 영광을 돌리심과 같이 너희도 서로 받으라." 우리는 서로 받아야 합니다. 왜냐하면, 그리스도께서 우리를 받으셨기 때문입니다. 그리스도께서 우리를 받아서 하나님의 영광을 드러내셨습니다. 그러므로 우리도 서로 영접하여 하나님의 영광을 드러내야 합니다.

이 말씀에서 무엇을 배웁니까? 첫째로, '서로' 받아야 합니다. 한목소리로 하나님께 영광을 돌리려면 한쪽만 노력해서는 안 됩니다. 다 같이 서로 노력해야 합니다. 자칫 믿음이 연약한 사람은 '모든 점에서 면죄부를 받는다.'라고 착각하기 쉽습니다. 믿음이 약한 것을 방어기제로 삼고 강한 사람을 비판할 수 있습니다. 그러나 믿음이 연약한 사람도 믿음이 강한 사람을 영접해야 합니다. 인간관계 속에서 발생하는 문제는 어느 한쪽만의 문제가 아닙니다. 양쪽의 책임입니다.

어떤 사람은 "내가 문제가 아니라 상대방이 문제다."라고 생각합니다. 내가 형제자매를 영접하지 못하는 것은 나 때문이 아니라 상대방 때문이라는 것입니다. 상대가 나를 영접하면 나도 그를 영접할 수 있다는 것입니다. 그럴 수 있습니다. 그러나 우리는 말 그대로 '서로' 받아야 합니다. 어떻게 서로 받을 수 있습니까?

둘째로, 그리스도께서 나를 받으셨습니다. 우리가 서로 받을 수 있는 것은 그리스도께서 나를 받으셨기 때문입니다. 이것은 그리스도께서 우리를 대신해서 십자가에서 돌아가심으로 우리를 당신의 아들딸로 영접한 것을 뜻합니다. 예수님은 우리 같은 죄인을 영접하셨습니다. 예수님은 우리의 약점을 담당하셨습니다. 그래서 오늘 우리는 여기까지 왔습니다. 그러므로 우리가 이 예수님을 본받으면 연약한 사람을 받을 수 있습니다.

셋째로, 하나님께 영광 돌려야 합니다. 우리가 서로를 받으면 교회는 하나가 됩니다. 교회가 하나 되면 하나님께서 영광을 받으십니다. 우리가 이런저런 이유를 들어 서로 거부하려면 얼마든지 할 수 있습니다. 하지만 믿음의 수준이 다르고, 믿음의 스타일이 다를지라도 우리는 서로 받아야 합니다. 그리스도의 마음을 품고 서로를 받아들이는 것만큼 하나님을 영화롭게 하는 일도 없습니다.

영국 여왕 엘리자베스 1세(Elizabeth I, 1533-1603)가 남아프리카 연방의 통일을 위해 중요 부족의 추장을 초청하여 만찬을 베풀었습니다. 의전관은 추장들에게 궁중 법도에 대해서 가르쳤습니다. 특히 여왕과 밥 먹을 때는 나이프와 포크를 반드시 사용하도록 했습니다. 한 추장이 처음에는 칼로 고기를 썰고 포크로 찍어서 먹었습니다. 하지만 자기도 모르게 손으로 음식을 직접 먹고 말았습니다. 모두 긴장했습니다. 그때 여왕이 칼과 포크를 놓고 손으로 먹었습니다. 그러자 모두 손으로 먹었습니다. 식사가 끝난 후에 여왕이 남아프리카 연방 통일을 제안하자 모두 박수로 영접했습니다. 그렇게 할 수 있었던 것은 식탁 예절을 서로 받아들였기 때문입니다. 나와 다른 사람을 서로 받으니 새 역사가 일어난 것입니다.

미국 링컨 대통령에게는 스탠턴(Edwin McMasters Stanton, 1814-1869)이라는 정적이 있었습니다. 스탠턴은 링컨을 비판했습니다. "당신은 두 얼굴의 사나이요." 링컨이 재치 있게 대답합니다. "만일 내가 두 얼굴을 가졌다면, 오늘처럼 중요한 날 잘생긴 얼굴로 오지 이렇게 못생긴 얼굴로 왔겠습니까?" 그런데 링컨이 대통령이 되자 그 스탠턴을 국방부 장관으로 임명했습니다. 모두 놀랐는데, 링컨이 말했습니다. "나를 아무리 무시한들 어떻습니까? 그는 사명감이 투철하여 국방부 장관직을 수행하기에 충분합니다." 링컨은 스탠턴의 '다른 목소리'를 그대로 받은 것입니다. 물론 스탠턴도 링컨을 받았습니다. 링컨이 암살당하자 그는 누구보다도 슬퍼하며 말했습니다. "여기 역사상 가장 위대한 사람이 누워있다."

'코로나 19'가 심해지면서 경제적으로 어려움을 겪는 사람이 늘고 있습니다. 소득이 느는 사람보다 주는 사람이 더 많기 때문입니다. 여기에 '이념의 갈등', '색깔 논쟁'은 지겨울 정도로 이어집니다. 안타깝고 답답합니다. 그런데 그런 안타까움과 답답함을 이길 힘은 어디에서 옵니까? 성경은 언제나 교회라고 대답합니다. 교회는 세상의 유일한 희망입니다.

올해 전 세계 크리스천이 가장 많이 검색한 성경 구절은 이사야 41:10이라고 합니다. "두려워하지 말라 내가 너와 함께 함이라 놀라지 말라 나는 네 하나님이 됨이라 내가 너를 굳세게 하리라 참으로 너를 도와주리라 참으로 나의 의로운 오른손으로 너를 붙들리라." 그 이유를 이렇게 설명합니다. "올해는 그 어느 해보다 많은 사람이 상실, 외로움, 두려움에 직면했다. 따라서 많은 사람이 성경에서 능력, 평안, 소망을 구한 것이다." "위기를 맞은 세계의 사람들이 하나님을 찾고 있음을 보여주는 것이다." 올해를 시작했을 때 가장 많이 검색했던 단어는 '믿음(faith)', '금식(fasting)' 등이었다고 합니다. 하지만 '코로나 19'가 확산하면서 '두려움(fear)'이라는 단어가 등장했고, '코로나 19'가 장기화하면서 '평안(peace)', '소망(hope)', '믿음(faith)' 등으로 변했다고 합니다. 현대인이 가장 소망하는 삶은 평화와 믿음입니다. 그 평화와 믿음을 누가 줄 수 있습니까? 바로 교회입니다.

로마서 **복음과 삶**

교회가 세상의 유일한 희망으로 나타나려면 무엇을 해야 합니까? 가장 먼저 서로 받아야 합니다. 우리 안에도 서로 다름이 있습니다. 생각이 다르고, 신앙 스타일이 다르고, 생활 환경이 다릅니다. 하지만 우리는 예수님을 그리스도로 믿습니다. 예수님께서 우리를 받으셨습니다. 우리가 나를 받으신 예수님을 본받으면, 우리도 나와 다른 동역자, 형제자매를 받을 수 있습니다. 그러면 이 어려운 시기에 나와 우리 교회가 세상에 희망을 줄 수 있습니다.

우리가 서로 받아야 하는 또 다른 이유는 무엇입니까? 8절입니다. "내가 말하노니 그리스도께서 하나님의 진실하심을 위하여 할례의 추종자가 되셨으니 이는 조상들에게 주신 약속들을 견고하게 하시고." 그리스도는 하나님의 신실하심을 보여주기 위해 할례를 받은 사람의 종이 되셨습니다. 예수님은 유대인으로 오셨습니다. 그리하여 믿음의 조상들에게 하신 하나님의 약속을 확증하셨습니다. 그 약속의 핵심은 땅의 모든 족속, 즉 유대인과 이방인 모두를 믿음의 조상을 통해 구원하신다는 것입니다(창 12:3b).

그리스도께서 유대인의 종이 되신 이유는 이방인도 하나님께 영광을 돌리도록 하신 것입니다. 열방이 주님의 백성과 함께 즐거워하게 하신 것입니다. 모든 나라가 여호와를 찬양하도록 하신 것입니다. 열방이 그분께 소망을 두도록 하신 것입니다(9-12). 그 근거는 시편과 신명기와 이사야서에 있습니다(시 18:49, 신 32:34a, 시 117:1, 사 11:10). 이방인이 하나님의 백성으로 인정받는 것은 구약 성경 전체에서 이미 말씀하신 하나님의 계획입니다. 그 계획을 예수님께서 오셔서 이루셨습니다.

이 말씀이 "서로 받으라"라는 말씀과는 무슨 관계가 있습니까? 하나님은 이미 구약시대부터 유대인과 이방인을 구분하지 않으셨습니다. 하나님은 아브라함 때부터 다윗과 이사야 시대에도 온 세상 만민을 한 백성으로 삼으셨습니다. 그리고 그 뜻을 예수님께서 이루셨습니다. 예수님은 십자가에서 돌아가심으로써 유대인도 받으시고 이방인도 받으셨습니다. 유대인과 이방인 사이에 있었던 담을 허무셨습니다. 누구든지 예수님을 믿으면 하나님의 아들딸입니다. 한 가족입니다. 그러므로 로마교회는 물론이고, 오늘 우리도 서로 받아야 합니다.

사도는 또 무엇을 위해 기도합니까? 13절을 봅시다. "소망의 하나님이 모든 기쁨과 평강을 믿음 안에서 너희에게 충만하게 하사 성령의 능력으로 소망이 넘치게 하시기를 원하노라." 사도는 소망의 하나님께서 로마교회에 기쁨과 평화를 가득 채워주시고, 소망을 넘치도록 주시기를 기도합니다.

그는 왜 소망을 위해 기도합니까? 소망은 서로를 받는 힘입니다. 서로 받는 일은 머리가 아닌 가슴으로, 삶으로 해야 합니다. 따라서 내 가슴과 삶에 여유가 있어야 하고, 힘이 있어야 합니다. 그 여유와 힘은 소망에서 옵니다. 내 안에 소망이 없으면 상대를 소망으로 볼 수 없습니다. 받을 수 없습니다. 하지만 내 안에 소망이 있으면 비록 상대가 약점이 있을지라도 소망으로 볼 수 있고, 받을 수 있습니다. 그런데 그 소망을 하나님께서 주십니다. 따라서 우리는 기도해야 합니다.

오늘의 세상과 교회의 현실을 보면서 무엇을 할 수 있을까요? 현실 앞에서 '집콕'만 생각할 수 있습니다. 하지만 우리가 믿음의 동역자를 서로 받을 수 있습니다. 그 일은 몹시 작은 일처럼 보입니다. 그러나 그 일은 세상에 기쁨과 평화, 그리고 소망을 주는 놀라운 힘이 있습니다. 하나님께 영광 돌리는 일입니다.

제20강
제사장 직분

◇ 본문 로마서 15:14-33
◇ 요절 로마서 15:16
◇ 찬송 505장, 508장

"오직 예수뿐이네"라는 노래를 듣고 많은 사람이 감동했습니다. 그 가사 때문입니다. "은혜 아니면 살아갈 수가 없네/ 호흡마저도 다 주의 것이니/ 세상 평안과 위로 내게 없어도/ 예수 오직 예수뿐이네…." 우리가 주님 안에서 내 삶을 생각하면 할수록 은혜를 생각하지 않을 수 없습니다. 그 은혜를 가장 많이 말한 분 중 한 분이 바로 바울 사도입니다. 그런데 오늘은 어떤 은혜를 말합니까?

14절을 봅시다. "내 형제들아 너희가 스스로 선함이 가득하고 모든 지식이 차서 능히 서로 권하는 자임을 나도 확신하노라." 로마교회는 동역자를 서로 받으며, 하나님을 예배하고 형제자매를 사랑하는 일을 잘 알았습니다. 그리고 그들은 서로를 격려했습니다. 사도는 그런 로마교회에 만족합니다.

그러나 그는 왜 몇 가지를 담대하게 썼습니까? 15절입니다. "그러나 내가 너희로 다시 생각나게 하려고 하나님께서 내게 주신 은혜로 말미암아 더욱 담대히 대략 너희에게 썼노니." 그가 로마서를 쓴 목적은 그들의 기억을 새롭게 하려는 것입니다. 그가 로마서를 쓴 동기는 하나님께서 그에게 주신 은혜 때문입니다.

그 은혜는 무엇입니까? 16절을 읽읍시다. "이 은혜는 곧 나로 이방인을 위하여 그리스도 예수의 일꾼이 되어 하나님의 복음의 제사장 직분을 하게 하사 이방인을 제물로 드리는 것이 성령 안에서 거룩하게 되어 받으실 만하게 하려 하심이라." 그 은혜는 이방인을 위하여 예수님의 일꾼, 즉 사역자로 사는 것입니다.

사역자는 무슨 일을 합니까? 제사장 직분을 섬깁니다. 구약시대의 제사장은 대표적으로 세 가지 일을 했습니다. 여호와께 제물을 드리고(민 4:6-7), 백성에게 말씀을 가르치고(렘 18:18), 백성을 위해 하나님의 뜻을 물었습니다(출 28:30). 그런데 사도는 그 일 대신에 하나님의 복음을 증언합니다. 하나님의 복음은 하나님이 선지자들을 통하여 그 아들에 관하여 성경에 미리 약속하신 것입니다. 그 아들에 관하여 말하면 육신으로는 다윗의 혈통에서 나셨고, 성결의 영으로는 죽은 자들 가운데서 부활하사 능력으로 하나님의 아들로 선포되셨으니 곧 우리 주 예수 그리스도이십니다(롬 1:1-4). 바울은 이방인에게 하나님의 복음을 증언하여 예수님을 믿도록 했습니다. 성령님께서 이방인을 거룩하게 하셔서 하나님이 받으실 제물로 만드셨습니다. 사도는 그 일을 제사장 직분으로 부릅니다.

바울이 그리스도의 일꾼을 제사장 직분과 연결하는 이유는 무엇입니까? 자기 직분이 제사장의 역사성과 정통성을 이어받았음을 강조한 것입니다. 그리고 일꾼으로서 자긍심을 보여주는 것입니다.

이 말씀이 로마교회에 주는 의미는 무엇입니까? 로마교회는 제사장 직분을 이어받은 역사성과 정통성이 있습니다. 과거에 제사장은 아론 계열의 후손만, 즉 특정인만 그 사역을 감당했습니다. 하지만 이제는 누구든지 예수님을 믿으면 제사장 직분을 감당할 수 있습니다. 따라서 예수님을 믿는 로마교회도 구약의 역사와 정통을 이어받아 제사장으로서의 직분을 감당하고 있는 것입니다. 로마교회는 그에 대한 자긍심을 가져야 합니다.

사도 베드로도 로마 사회에서 이곳저곳에 흩어져 살던 성도에게 말했습니다. "그러나 너희는 택하신 족속이요 왕 같은 제사장들이요 거룩한 나라요 그의 소유가 된 백성이니 이는 너희를 어두운 데서 불러내어 그의 기이한 빛에 들어가게 하신 이의 아름다운 덕을 선포하게 하려 하심이라"(벧전 2:9). 당시 시대 상황과 교회의 형편을 생각하면, 이 말씀을 제대로 받기에는 몹시 불편했을 것입니다. 왜냐하면, 말은 '교회'이고 '성도'이지만, 현실은 세상에서 밀려서 살았기 때문입니다. 그런데도 바울 사도와 베드로 사도는 그런 현실을 보지 않았습니다. 오히려 하나님의 렌즈로 보았습니다. 교회가 하나님 앞에서, 그리고 세상 앞에서 제사장이라는 역사성과 정통성, 그리고 자긍심을 품도록 도왔습니다. 그들의 형편이 어떠하든지 그런 자긍심이 있을 때 세상의 소금과 빛으로 살 수 있습니다.

우리가 교회 현실을 보면 제사장의 역사성과 정통성, 그리고 자긍심을 품기가 쉽지 않습니다. 잊을만하면 교회에서 코로나 환자가 생기니 세상은 교회를 무책임한 집단으로 여깁니다. 교회의 절기 중 가장 중요한 성탄절에 할 수 있는 일이 없습니다. 하지만 우리는 내 형편보다 우리에게 제사장 직분을 주신 그분을 봐야 합니다. 세상이 교회를 인정하지 않는 것처럼 보일지라도 세상의 유일한 희망은 여전히 교회입니다. 우리가 캠퍼스를 위해서 할 수 없는 일만 생각하면 아무것도 할 수 없습니다. 하지만 우리는 하나님께서 이런 시대에도 '남은 자'를 허락하심을 믿고 기도할 수 있습니다. 우리가 '코로나'로 어둠에 눌려 있는 세상을 위해 기도할 수 있습니다. 우리가 성탄절에 함께 모여 축하 행사를 할 수는 없어도 상업화된 성탄 문화를 개인과 가정을 중심으로 하는 성탄 문화로 바꿀 수 있지 않겠습니까? 우리가 믿음의 길을 함께 걷는 동역자와 '밥상 교제'는 못해도 작은 선물을 주면서 사랑을 표현할 수는 있지 않습니까? 그것이 제사장 직분입니다.

사도는 그 직분에 대해서 어떤 마음을 품고 있습니까? 17절입니다. "그러므로 내가 그리스도 예수 안에서 하나님의 일에 대하여 자랑하는 것이 있거니와." 그는 복음을 부끄럽게 생각하지 않았습니다. 복음은 모든 사람에게 구원을 주시는 하나님의 능력이기 때문입니다(1:16). 따라서 그는 하나님을 섬기는 일을 그리스도 예수님과 한 몸이 되어 자랑스럽게 생각합니다.

그는 구체적으로 무엇을 자랑합니까? 그는 이방인 사역을 하는 가운데 자랑거리가 많았을 것입니다. 하지만 그는 그런 자랑거리를 철저하게 배제합니다. 그리스도께서 자신을 통해서 하신 일만 자랑합니다(18a). 그 일은 말과 사역을 통해서 일어났습니다. 그리고 표적과 기사의 능력으로, 즉 성령님의 능력으로 일어났습니다(18b-19a). 그 결과 그는 예루살렘으로부터 두루 행하여 일루리곤까지 복음을 충분히 전했습니다(19b).

그는 어떤 원칙으로 복음을 전했습니까? 20절을 봅시다. "또 내가 그리스도의 이름을 부르는 곳에는 복음을 전하지 않기를 힘썼노니 이는 남의 터 위에 건축하지 아니하려 함이라." 그는 그리스도의 이름이 알려진 곳에는 복음을 전하지 않았습니다. 왜냐하면, 그는 남이 닦아 놓은 터 위에다가 집을 짓지 않으려고 했기 때문입니다. 그는 다른 사람이 차려놓은 밥상에 숟가락을 올리지 않았습니다. 그는 복음을 전하여 교회 세우는 일을 은유적으로 표현한 것입니다.

그는 그 근거를 어디에서 찾았습니까? 21절입니다. "기록된 바 주의 소식을 받지 못한 자들이 볼 것이요 듣지 못한 자들이 깨달으리라 함과 같으니라." 이 말씀은 시편 52:15를 인용한 것입니다. 당시 사람은 이제까지 듣지도 못한 일들을 보고, 아무도 말해 주지 않은 일을 보았습니다. 왜냐하면, 전파하는 사람이 있었기 때문입니다. 이처럼 바울 사도가 이방 사람에게 복음을 전했기에 그들은 듣지도 못한 일을 보고 말해 주지 않은 일을 보았습니다.

이런 그로부터 무엇을 배울 수 있습니까? 그의 개척정신입니다. 그는 영원한 개척자로 살고자 합니다. 개척자로 살고자 할 때 어려움이 얼마나 큽니까? 아직 복음을 듣지 않은 사람에게 전도하는 일은 쉽지 않습니다. 그런데 바울은 처음부터 분명하게 복음을 모르는 사람에게 전파했습니다. 그 점에서 오늘 우리가 예수님을 아직 모르는 사람에게 복음을 전하는 일이 얼마나 소중합니까? 그 일을 통해 새 역사가 일어나기 때문입니다.

사도는 이제 어디로 가서 복음을 전하고자 합니까? 그는 로마로 가려고 했으나 여러 번 길이 막혔습니다(22). 그가 로마로 가려는 이유는 이 지역에서 더는 일할 곳을 찾지 못했기 때문입니다. 그에게는 새 사역지가 필요했습니다. 그는 서바나, 즉 스페인으로 가려고 합니다(23). 스페인은 당시 땅끝이었습니다. 그는 땅끝까지 복음을 전파하려고 합니다. 그는 그 일을 위해 로마에 먼저 가서 그들과 사귐을 갖고자 합니다. 그리고 로마교회가 자신을 파송해주기를 기대합니다(24).

그러나 그는 지금 어디로 향합니까? 25절입니다. "그러나 이제는 내가 성도를 섬기는 일로 예루살렘에 가노니." 그는 지금 예루살렘으로 가야 합니다. 성도를 섬기는 일 때문입니다. 그 일은 마게도냐와 아가야 사람들이 예루살렘 성도 중 가난한 사람을 위해서 한 연보를 전하는 것입니다(26). '마게도냐와 아가야 사람'은 선교지 교회입니다. '연보(捐補)'는 '자기의 재물을 내어 다른 사람을 도와줌'이라는 뜻인데, '헌금'을 말합니다. 선교지 교회가 예루살렘 교회를 위해서 헌금했습니다. 사도는 그 헌금을 전하기 위해서 예루살렘으로 가야 합니다.

그 헌금이 갖는 의미는 무엇입니까? 27절을 읽읍시다. "저희가 기뻐서

하였거니와 또한 저희는 그들에게 빚진 자니 만일 이방인들이 그들의 영적인 것을 나눠 가졌으면 육적인 것으로 그들을 섬기는 것이 마땅하니라." 선교지 교회는 기쁜 마음으로 헌금했습니다. 왜냐하면, 그들은 예루살렘 교회에 빚을 졌기 때문입니다. 그들은 예루살렘 교회로부터 복음을 들었습니다. 그것을 빚, 즉 '영적인 빚'이라고 부릅니다. 그들은 그 영적인 빚을 갚으려고 하는데, 육적인 것으로 섬기려고 합니다. '육적인 것'은 헌금입니다. 영적인 것을 나눠 가졌으면 육적인 것으로 섬기는 것이 마땅합니다. 영적 축복을 함께 나누었다면, 물질적 축복을 함께 나누어야 할 빚을 지고 있는 것입니다.

무엇을 배웁니까? 나눔의 축복을 배웁니다. 당시 예루살렘 교회는 물질적으로 어려웠습니다. 반면 선교지 교회는 든든하게 자랐습니다. 선교지 교회는 물질적 어려움을 겪고 있는 예루살렘 교회, 즉 '어머니 교회(mother church)'를 돕는 일은 당연합니다. 선교지 교회가 본국 교회로부터 복음을 들었다면, 물질적 축복으로 본국 교회와 함께 나누는 일은 마땅합니다. 내가 누군가로부터 복음을 듣고 예수님을 믿었다면, 그에게 빚을 진 것입니다. 그리고 그 빚을 갚는 것은 당연합니다. 그 빚을 물질적 축복으로 함께 나누는 자체가 은혜입니다.

사도가 그 일에 힘을 쏟는 목적은 무엇입니까? 28절을 봅시다. "그러므로 내가 이 일을 마치고 이 열매를 그들에게 확증한 후에 너희에게 들렀다가 서바나로 가리라." '이 일', '이 열매'는 예루살렘 성도를 위한 헌금입니다. 그것을 열매라고 말함으로써 이방인 가운데 선포된 복음이 맺은 결과를 뜻합니다. 그는 헌금을 통해 이방 교회에서 맺은 복음의 열매를 예루살렘 성도에게 확증하려고 합니다. 그는 선교지에서 일어난 복음 사역을 예루살렘 교회에 증언하려고 합니다. 이방 교회에서 일어난 복음 사역은 그리스도의 충만한 복입니다(29).

로마서 **복음과 삶**

사도가 '이 열매를 확증하려는 것'을 통해 무엇을 배웁니까? 선교지 교회와 본국 교회를 하나로 묶으려는 마음입니다. 당시 일부 예루살렘 성도는 이방 성도를 인정하지 않았습니다. 자기들과 '믿음의 결이 다르다.'라고 생각했기 때문입니다. 그들은 한 분 예수님을 믿으면서도 문화적 차이 때문에 인정하지 못한 것입니다. 그러나 한 분 예수님을 믿으면 서로 받아야 합니다. 바울은 그 일을 위해서 헌금을 했고, 그 헌금을 전달하려고 합니다. 왜냐하면, 그 헌금은 이방 교회가 예루살렘 교회에 대한 사랑의 표현이기 때문입니다. 예루살렘 교회가 그 헌금을 받으면, 이방 교회를 인정하는 것입니다. 이방 교회도 예루살렘 교회를 인정하는 것입니다. 그 점에서 헌금은 단순한 물질이 아니라 목자와 양, 양과 목자의 관계를 맺는 통로입니다. 예수님 안에서 서로를 한 가족으로 이어주는 끈입니다.

사도는 로마교회에 무엇을 권합니까? 그리스도와 성령님의 사랑으로 로마교회에 자기를 위한 기도를 부탁합니다(30). 첫 번째 기도 제목은, 유대의 불신자로부터 바울이 보호받는 것입니다. 둘째는, 예루살렘 교회가 이방 교회에서 보내는 헌금을 잘 받는 것이고(31), 마지막으로, 그 일을 마치고 로마교회로 가서 그들과 함께 쉼을 누리는 것입니다(32). 그는 자신의 기도 제목을 부탁한 후에 평화의 하나님께서 그들과 함께하시도록 축복합니다. 아멘(33)!

하나님께서 오늘 우리에게 주신 은혜는 무엇입니까? 제사장 직분입니다. 그것은 한 영혼에 복음을 증언하여 믿음으로 살도록 돕는 일입니다. 그 직분은 어둠에 갇힌 사람에게 빛을 주고, 그 생명을 살리는 일입니다. 오늘의 현실은 녹록하지 않습니다. 하지만 우리가 제사장 직분에 대한 역사성과 정체성, 그리고 자긍심을 품고 감당하여 한 사람을 살리고 세상에 희망을 주기를 기도합니다.

182

제21강

헌신적인 동역자들

◇ 본문 로마서 16:1-27
◇ 요절 로마서 16:4
◇ 찬송 459장, 461장

기독교 역사를 말할 때 사도 바울을 빼놓을 수 없습니다. 하나님의 복음이 예루살렘에서부터 유럽, 그리고 오늘 우리에게 이를 수 있었던 데는 바울이 있었기 때문입니다. 그러면 그는 그 위대한 사역을 어떻게 섬겼습니까? 그분 자체가 위대하여 혼자 이루었습니까? 아니면 다른 밑거름이 있었습니까?

첫째, 나의 동역자(1-16)

바울 사도는 로마교회에 많은 믿음의 동역자를 추천하며 서로 문안하도록 합니다. 가장 먼저 소개하는 분은 겐그레아 교회의 일꾼으로 있는 자매 뵈뵈입니다(1). 그녀는 평신도 사역자였습니다. 로마교회는 그녀를 주님의 이름으로 영접해야 합니다. 그녀가 그들에게 어떤 도움을 원하든지 도와줘야 합니다(2a).

왜 그렇게 해야 합니까? 그녀는 여러 사람과 바울의 보호자였기 때문입니다(2b). 그녀는 물질이나 영적으로 많은 사람을 도왔습니다. 그녀는 굳

은일 좋은 일 가리지 않고 자기 손을 필요한 일이면 언제나 말없이 섬겼습니다. 그녀가 있어서 교회가 더욱 빛났습니다. 특히 그녀는 바울과 소리 없이 동역했습니다. 바울은 그런 그녀와 로마교회가 서로 인사하기를 바랍니다.

로마교회는 또 누구와 서로 인사해야 합니까? 그리스도 예수 안에서 바울의 동역자 브리스가와 아굴라에게 문안해야 합니다(3). 브리스가가 아내이고 아굴라는 남편입니다. 바울이 아내의 이름을 먼저 말한 데는 그녀가 좀 더 적극적으로 자기와 동역했기 때문일 것입니다.

그들은 바울과 어떻게 동역했습니까? 4절을 읽읍시다. "그들은 내 목숨을 위하여 자기들의 목까지도 내놓았나니 나뿐 아니라 이방인의 모든 교회도 그들에게 감사하느니라." 그들은 바울의 목숨을 위하여 자기 목까지 내놓았습니다. 선한 목자 예수님은 양들을 위하여 목숨을 버립니다(요 10:11). 의인을 위하여 죽는 자가 쉽지 않고 선인을 위하여 용감히 죽는 자가 혹 있습니다(5:7). 그런데 브리스가와 아굴라 부부는 동역자를 위해 자기 목숨을 내놓았습니다. 대단한 동역자입니다.

바울과 그들은 언제, 어디에서, 어떻게 만났습니까? 그들이 서로 만난 곳은 고린도였습니다. 당시 로마 황제 글라우디오(Claudius, 주전 41-54)는 로마에 사는 유대인을 추방했습니다. 유대인이 '예수파'와 '반 예수파'로 나뉘어 싸웠기 때문입니다. 그때 브리스가 부부도 고린도로 왔습니다. 그들은 천막을 만들었습니다. 바울도 한동안 천막 만드는 일을 해서 생활비를 벌었습니다. 그것이 계기가 되어 서로 만났고, 그들은 일도 같이하고 사역도 같이했습니다(행 18:1-3). 그러나 바울은 선교 사역에 전념했고, 브리스가 부부는 그런 바울의 생활비는 물론이고 선교 사역도 함께 섬겼습니다.

그런 그들의 동역은 바울뿐만 아니라 다른 모든 교회에까지 영향을 주었습니다. 모든 교회가 그 부부에게 감사했습니다. 한 사람의 헌신적 동역은 그 한 사람으로 그치지 않습니다. 다른 사람에게까지 반드시 영향력을 끼칩니다. 헌신의 향기는 모든 사람의 가슴속 깊이 스밉니다.

브리스가와 아굴라의 헌신은 어디까지 이어집니까? 그들은 자기 집을 가정교회로 제공했습니다(5a). 그때는 예배당이 따로 없었습니다. 다른 성도에 비해 좀 더 큰집이 있거나 믿음이 성숙한 사람의 집을 교회당으로 썼습니다. 그들은 그만큼 성숙한 동역자들이었습니다. 그 가정교회의 첫 열매는 에배네도입니다(5b).

또 로마교회를 위해 많이 수고한 마리아가 있습니다(6). 바울의 친척이며 그와 함께 감옥에 갇혔던 안드로니고와 유니아도 있습니다. 그들은 사도들에게 좋은 평판을 받았습니다. 그들은 바울보다 먼저 예수님을 믿었습니다(7). 그 밖에 주님 안에서 사랑하는 동역자들과 로마교회가 서로 인사하기를 바랍니다(8-15).

그중에 그냥 넘어갈 수 없는 한 동역자는 누구입니까? 13절입니다. "주 안에서 택하심을 입은 루포와 그의 어머니에게 문안하라 그의 어머니는 곧 내 어머니니라." '루포'는 구레네 시몬의 아들입니다. 시몬은 예수님께서 십자가를 지고 골고다 언덕을 오르다 쓰러질 때 대신 지고 갔습니다(막 15:21). 그는 억지로 십자가를 졌습니다. 하지만 그 집안 전체가 구원 받았습니다. 바울은 시몬의 아내를 '내 어머니'라고 부릅니다. 그녀는 개척 사역을 섬기기 위해 객지로만 돌아다니는 바울을 위해서 옷도 지어 보내고, 밑반찬도 만들어 보내며 아들처럼 섬겼을 것입니다. 그런 루포의 어머니를 바울도 친어머니처럼 마음 깊이 사랑했습니다. 바울 곁에는 이런 헌신적인 동역자들이 있었습니다. 바울은 그런 동역자들과 로마교회가 서로 인사하기를 바랍니다.

그들은 서로 어떻게 인사해야 합니까? 16절을 봅시다. "너희가 거룩하게 입맞춤으로 서로 문안하라 그리스도의 모든 교회가 다 너희에게 문안하느니라." 당시 교회는 공중 예배를 하기 전 공동체성을 확인하기 위해서 입을 맞추는 인사를 했습니다. 서로에 대한 사랑 표현이었습니다. 로마교회는 바울이 추천하는 동역자들과 인사해야 합니다. 왜냐하면, 모든 교회가 로마교회에 문안하기 때문입니다.

모든 동역자를 로마교회에 소개하며 서로 문안하도록 하는 바울로부터 무엇을 배웁니까? 첫째로, 교회의 하나 됨, 가족 사랑입니다. 로마교회는 바울 사도가 직접 개척하지 않았습니다. 흩어진 몇 사람을 중심으로 스스로 일어난 교회였습니다. 따라서 다른 교회와 관계성이 부족했습니다. 바울은 그런 점을 생각하면서 다른 교회와 적극적으로 문안하여 가족 사랑을 체험하도록 돕습니다.

그뿐 아니라 교회 구성원 중에는 유대인도 있었고, 이방인도 있었습니다. 주인도 있었고, 노예도 있었습니다. 하지만 그리스도 안에서는 피부색의 다름, 사회적 지위의 높고 낮음, 돈의 많고 적음으로 서로 편을 가르지 않습니다. 그들 모두는 주님 안에서 한 가족입니다.

이 점이 왜 중요합니까? 당시 교회는 세상으로부터 심각한 박해를 받았습니다. 그 외적 공격으로부터 교회가 살아남으려면 내적으로 하나가 되어야 합니다. 지역적으로 '거리 두기'를 할지라도 그리스도 안에서 '마음은 가까이' 있어야 합니다. 서로 문안하여 가족 사랑을 체험해야 합니다. 그래야 외적 도전을 이기고, 소금과 빛으로 자랄 수 있습니다.

둘째로, 동역자에 대한 감사와 사랑입니다. 바울은 많은 사람의 이름을 기억합니다. 그들 대부분은 이방인 사역의 열매입니다. 사도는 그들을 '나의 동역자'라고 부릅니다. 그는 하나님의 사역을 그들과 함께 섬겼음을 강조한 것입니다. 그들의 헌신을 잊지 않았음을 표현한 것입니다. 이 점이 그가 위대한 목자로 살 수 있었던 비결입니다. 그가 복음 사역을 힘있게 섬길 수 있었던 밑거름입니다. 주님의 사역은 동역의 사역입니다.

오늘 우리 교회가 성경 선생이요 목자로 살 수 있는 밑거름은 무엇입니까? 헌신적인 동역자들이 있기 때문입니다. 동역자에 대한 감사와 사랑이 있기 때문입니다. 우리 각자는 부족한 점이 있습니다. 하지만 서로를 아끼고 사랑하는 그 마음은 그 무엇보다 강합니다. 이런 구호가 있습니다. "한 사람의 열 걸음보다 열 사람의 한 걸음이 낫다." 서로 합심하여 동역하는 일의 중요성을 강조한 것입니다. 건강한 교회 배경에는 언제나 헌신적인 동역자가 있습니다. 동역자의 기도와 섬김이 있습니다. 우리 교회가 오늘에 이르기까지 뒤에서 묵묵히 헌신한 동역자들을 기억하지 않을 수 없고, 감사하지 않을 수 없습니다. 사도는 그들에게 마지막으로 무엇을 권합니까?

둘째, 나의 복음(17-27)

17절을 읽읍시다. "형제들아 내가 너희를 권하노니 너희가 배운 교훈을 거슬러 분쟁을 일으키거나 거치게 하는 자들을 살피고 그들에게서 떠나라." 로마교회에는 '고기를 먹는 사람'과 '채소를 먹는 사람'이 서로 나뉘어 복음을 부인하거나 상대화했습니다(14:2-3). 그들은 가족 공동체성을 무너뜨렸습니다. 로마교회는 그들에 대해서 어떻게 해야 합니까? 누가, 어떻게 동역자를 분열하는지 살펴야 합니다. 그리고 떠나야 합니다.

왜 떠나야 합니까? 18절입니다. "이같은 자들은 우리 주 그리스도를 섬기지 아니하고 다만 자기들의 배만 섬기나니 교활한 말과 아첨하는 말로 순진한 자들의 마음을 미혹하느니라." 그들은 그리스도를 섬기지 않습니다. 그들의 몸과 겉모습은 교회에 있습니다. 하지만 마음과 속은 배만 섬깁니다. 그들은 자기 욕심을 채웁니다. 그들은 어떻게 욕심을 채웁니까? 그들은 부드러운 대화와 아첨으로 순진한 마음을 속입니다.

그러므로 교회는 어떻게 해야 합니까? 로마교회의 순종은 모든 사람에게 알려져 있습니다. 사도의 가르침에 대한 순종은 모든 사람에게 소문이

났습니다. 그러므로 그들은 선한 일에 지혜롭고 악한 일에 물들지 않아야 합니다(19). 교회는 그리스도를 섬기는 일에는 지혜롭고 탐욕을 섬기는 일에는 물들지 않아야 합니다. 사도의 가르침을 더 잘 분별하여 더 잘 순종해야 합니다.

그러나 그런 일은 누구의 도움이 필요합니까? 사도는 20절에서 기도합니다. "평강의 하나님께서 속히 사탄을 너희 발아래에서 상하게 하시리라 우리 주 예수의 은혜가 너희에게 있을지어다." 성도를 미혹하는 일은 사탄이 하는 일입니다. 따라서 사람의 지혜만으로는 이길 수 없습니다. 하나님의 도우심이 필요합니다. 하나님은 궁극적으로 사탄을 성도의 발아래에서 제압하실 것입니다. 성도는 그날을 소망하며 주님께서 도와주시도록 기도해야 합니다. 그런 로마교회를 위해 몇몇 동역자들이 격려합니다(21-24).

바울 사도는 그들을 위해 무슨 기도를 합니까? 25절과 26절을 읽읍시다. "나의 복음과 예수 그리스도를 전파함은 영세 전부터 감추어졌다가, 이제는 나타내신 바 되었으며 영원하신 하나님의 명을 따라 선지자들의 글로 말미암아 모든 민족이 믿어 순종하게 하시려고 알게 하신바 그 신비의 계시를 따라 된 것이니 이 복음으로 너희를 능히 견고하게 하실." '나의 복음'은 바울 사도가 전한 그 복음, 즉 예수 그리스도에 대한 선포입니다. 그것은 오랜 세월 동안 침묵했는데, 하나님께서 선지자들의 글을 통해 알게 하셨습니다. 그 목적은 모든 이방 사람이 복음을 믿고 순종하도록 하신데 있습니다. 그 복음은 로마교회를 매우 견고하게 했습니다. 그 복음을 주신 하나님은 지혜로우신 분입니다. 그분께 영광이 세세 무궁하도록 기도합니다. 아멘(27)!

여기서 볼 때 로마교회를 굳게 세우는 것은 무엇입니까? '나의 복음', 즉 하나님의 복음입니다. 복음은 모든 믿는 자에게 구원을 주시는 하나님의 능력입니다(1:16). 복음은 이방 사람을 믿어 순종하게 만듭니다. 복음은 한 사람을 헌신적인 동역자로 세웁니다. 그래서 바울 사도는 평생 복음을 증언했고, 복음의 사도로 살았습니다. 그는 어떤 상황에서도 복음을 타협하지 않았습니다. 포기하지 않았습니다. 그는 처음부터 끝까지 복음을 붙들었고, 전하는 일에 힘썼습니다. 여기에 그의 위대함이 있습니다. 그런 그는 로마교회도 복음 안에 굳게 서기를 바랍니다. 복음을 잘 안다는 교만이 아니라 겸손하게 배우고, 증언하도록 기도합니다.

그의 기도는 오늘 우리 교회를 위한 기도입니다. 세상의 유일한 희망은 교회입니다. 세상은 하루가 다르게 급변하고 있습니다. 그러나 '콘텍스트 (context)', 즉 환경은 변하지만, '텍스트(text)', 즉 진리는 변하지 않습니다. 그 진리는 복음입니다. 교회는 복음으로 굳게 서야 합니다. 교회는 오직 복음으로만 세상 유혹을 이기고 생명을 구원하는 일에 쓰임 받을 수 있습니다. 우리는 복음을 믿고, 복음을 공부하기를 게으르지 않아야 합니다. 그리고 복음을 전파하는 일에 힘써야 합니다. 우리는 복음을 통해서 일어날 변혁적인 삶과 세상을 꿈꾸어 봅니다.

바울이 위대한 사역을 섬긴 밑거름은 무엇입니까? '나의 동역자', '나의 복음'입니다. 그 자신이 위대해서가 아닙니다. 그는 '나의 동역자'와 함께했고 '나의 복음'과 함께했습니다. 로마서 공부를 마치면서 '동역'과 '복음', 이 두 마디가 내 삶에 살아서 세상의 소금과 빛으로 쓰임 받기를 기도합니다.

참고 도서

권성수.『로마서 강해』. 서울: 햇불, 1994. 목회와신학 편집부.『로마서: 어떻게 설교할 것인가』. 서울:두란노, 2003.

박형용.『바울신학』. 수원: 합동신학대학원출판부, 2005.

옥한흠.『로마서 강해설교 제1권; 내가 얻은 황홀한 구원』. 서울: 두란노, 1993.

옥한흠.『로마서 강해설교 제2권; 아무도 흔들 수 없는 나의 구원』. 서울: 두란노, 1993.

옥한흠.『로마서 강해설교 제3권; 구원받은 자는 이렇게 산다』. 서울: 두란노, 1994.

이필찬.『로마서』. 서울: 이레서원, 2005.

이한수.『로마서 I』. 서울: 이레서원, 2006.

장종현.『사도바울』. 서울: 기독교연합신문사, 2001.

홍인규.『로마서, 어떻게 읽을 것인가』. 서울: 성서유니온선교회, 2006.

Bell, Albert A. *Exploring The New Testament World*. 오광만 옮김.『신약 시대의 사회와 문화』. 서울: 생명의말씀사, 2001.

Bruce, F. F. *Paul: Apostle of the Heart set free*. 정원태 역.『바울신학』. 서울: 기독교문서선교회, 2004.

참고 도서

Dunn, James D. G. *Word Biblical Commentary Vol. 38A, Romans 1-8.* 김철, 채천석 옮김.『로마서 상』. 서울: 솔로몬, 2003.

Dunn, James D. G. *Word Biblical Commentary Vol. 38B, Romans 9-16.* 김철, 채천석 옮김.『로마서 하』. 서울: 솔로몬, 2005.

Johnson, Luke Timothy. *The Writings of The New Testament.* 채천석 옮김.『최신신약개론』. 서울:크리스챤다이제스트, 2002.

Moo, Douglas, J. *The Epistle to Romans.* 손주철 옮김.『NICNT 로마서』. 서울: 솔로몬, 2011.

Picirilli, Robert E. *Paul The Apostle.* 배용덕 옮김.『사도바울』. 서울: 솔로몬, 2004.

Stuhlmacher, Peter. *Der Brief an die Römer.* 장흥길 옮김.『페터 슈툴마허의 로마서 주석』. 서울: 장로회신학대학교 출판부, 2005.

Morrs, Leon. *The Epistle to the Romans.* Grand Rapids: 1998.

Keck, Leander E. *Romans.* Nashville: Abingdon Press, 2005.

Schreiner, Thomas S. *Romans: Baker Exegetical Commentary on the New Testament.* Grand Rapids: Baker Books, 1998.

Stott, John R. W. *The Message of Romans: God's good news for the world.* Downer Gove: InterVarsity Press, 1994.